国家油气重大专项科研成果

海外油气投资优化组合技术

朱学谦　李广超◎等编著

石油工业出版社

内 容 提 要

本书阐述了海外油气资产价值主要影响因素，开展了海外油气资产价值关键影响因素定量化评价。建立南大西洋两岸重点盆地海上油田钻完井与海工投资估算模型，为油气价值评估奠定基础。引入投资单元概念，以投资单元为优化对象，结合海外油气勘探开发经营决策需求，建立海外多目标投资优化组合数学模型，结合海外主要风险定量化评价，实现"效益—风险"均衡决策。配套研发了海外油气资产投资优化组合决策系统，并介绍了投资优化组合实例应用。

本书可供从事海外油气投资相关工作的技术及管理人员阅读，也可供石油院校相关专业师生参考。

图书在版编目（CIP）数据

海外油气投资优化组合技术 / 朱学谦等编著 . —北京：石油工业出版社，2022.8

ISBN 978-7-5183-5279-1

Ⅰ.①海… Ⅱ.①朱… Ⅲ.①石油企业–海外投资–投资战略–研究–中国 Ⅳ.① F426.22

中国版本图书馆 CIP 数据核字（2022）第 044014 号

出版发行：石油工业出版社

（北京安定门外安华里 2 区 1 号　100011）

网　　址：www.petropub.com

编辑部：(010)64210387　图书营销中心：(010)64523633

经　　销：全国新华书店

印　　刷：北京中石油彩色印刷有限责任公司

2022 年 8 月第 1 版　2022 年 8 月第 1 次印刷
787×1092 毫米　开本：1/16　印张：7
字数：160 千字

定价：78.00 元
（如出现印装质量问题，我社图书营销中心负责调换）

版权所有，翻印必究

《海外油气投资优化组合技术》
编 写 组

组　　长：朱学谦
副 组 长：李广超
成　　员：陈民锋　徐阁元　范海军　张　磊　唐先明　张红臣
　　　　　宋丽娜　陈　雪　朱　凯　李　婷　邓达康　李金龙
　　　　　崔丽萍　韩宝东　黄山明　陈　璐　黄安琪　李　宁
　　　　　朱连章　李艳军　郭攀红　王晓丽　党学博　黄　彦

前言
PREFACE

近年来，国内外石油公司越来越关注油气藏经营管理优化决策研究，研究热点主要集中在两个方面：一是某具体油气藏层面的开发方案设计优化或油气生产系统整体优化，目标函数通常是追求净现值最大，决策变量是钻井数、产量和生产年限等具体方案参数；另一个是石油公司油气资产投资优化组合决策管理，应用优化组合理论和方法对公司所属的全球或区域油气资产进行投资优化决策及资产管理。在投资优化组合决策及资产管理研究方面，相比国外大型油公司及技术咨询服务公司而言，国内相关研究总体上起步较晚，缺乏成熟的优化组合模型和软件工具。依托"十三五"国家油气重大专项，通过创新攻关，研究建立了可实现"效益—风险"均衡决策的海外油气多目标投资优化组合模型和配套软件，在海外推广应用后，对提升中国油公司油气资产经营效果发挥了显著作用。

本书共分四章。第一章，海外油气资产价值影响因素，在分析海外油气生产经营特点基础上，从油藏地质、开发、合同、市场、经济等多角度综合分析海外油气资产价值的主要影响因素，并开展海外油气资产价值关键影响因素定量化评价研究。第二章，海外石油工程投资估算方法及模型，筛选并确定了适合海外油气工程投资的估算方法，分析了关键影响因素，并分别建立了南大西洋两岸重点盆地海上油田钻完井与海工投资估算模型，为油气价值评估奠定了基础。第三章，海外油气投资优化组合模型，引入投资单元概念，以投资单元为对象，基于最优化决策理论，以净现值、产量、净利润等主要生产经营指标为目标函数，投资规模、桶油成本等为约束条件并考虑关联互斥关系，建立了海外多目标投资优化组合数学模型，结合风险定量化评价，推进实现"效益—风险"均衡决策。第四章，投资优化组合决策平台研发及应用，基于多源数据集成和微服务架构的容器云技术，配套研发了海外油气资产投资优化组合决策平台，并以南大西洋两岸油气勘探开发项目为例，开展了投资优化组合应用研究。

全书由朱学谦、李广超统稿。第一章由陈民锋、李广超、朱学谦、徐阁元、陈雪、李婷等撰写，第二章由张磊、朱凯、李金龙等撰写，第三章由朱学谦、范海军、李广超、陈雪、黄山明等撰写，第四章由唐先明、宋丽娜、朱学谦、李广超、邓达康等撰写。在研究过程中，得到了中国石化石油勘探开发研究院冯志强教授、王光付教授、计秉玉教授、袁向春教授等领导专家的指导；在本书编写成稿过程中，得到了石油工业出版社张倩、何丽萍两位编辑的指导和帮助，在此一并表示衷心的感谢。

本书适合从事海外油气资产投资优化决策研究人员参考使用。

目录 CONTENTS

第一章 海外油气资产价值影响因素 ················· 1
第一节　海外油气资产生产经营特点 ················· 1
第二节　油气资产价值评估方法 ················· 3
第三节　海外油气资产价值影响因素识别 ················· 10
第四节　海外油气资产价值关键影响因素定量化评价 ················· 15

第二章 海外石油工程投资估算方法及模型 ················· 21
第一节　石油工程投资估算基础 ················· 21
第二节　海外石油工程投资估算方法 ················· 23
第三节　海外石油工程投资估算模型 ················· 38

第三章 海外油气投资优化组合模型 ················· 49
第一节　投资优化组合理论及应用 ················· 49
第二节　海外油气投资优化组合模型建立 ················· 54
第三节　投资优化组合模型求解算法 ················· 68
第四节　海外油气生产经营风险评价 ················· 73

第四章 投资优化组合决策平台研发及应用 ················· 80
第一节　海外投资优化组合决策平台研发 ················· 80
第二节　海外投资优化组合应用研究 ················· 90

参考文献 ················· 97

第一章　海外油气资产价值影响因素

海外油气勘探开发生产经营有其自身特点。影响海外油气资产价值的因素既有油藏地质条件、勘探开发技术水平、油价、成本等与国内相同或相似的因素，又有合同财税条款、合同期限、资源国政策法规、市场发育程度等不同于国内的因素。通过剖析海外油气资产生产经营特点，结合海外油气勘探开发实践，识别海外油气资产价值主要影响因素，并开展定量化评价，明确主要因素对海外油气资产价值的影响程度。

第一节　海外油气资产生产经营特点

海外油气项目在商务环境、经营理念、勘探开发等方面有其自身特点，与国内油气项目有较大差异，对海外油气勘探开发经营活动产生重要影响（表1-1-1）。

表1-1-1　国内外油气田生产经营主要特点对比

分类		海外油田	国内油田
商务环境	（1）社会环境	部分资源国战乱、恐怖袭击、罢工频发、社区关系复杂，严重影响生产经营	国内政局稳定，正常勘探开发生产活动不受影响
	（2）合同类型	类型多样，可分为矿税制、产品分成、技术服务等	主要为矿税制
	（3）合同期限	大多数有合同期限，勘探期一般3~5年，开发期一般20年	获得矿权后，开发期限一般不受限制
	（4）政策法规	部分资源国相关政策法规多变；用工本地化、环保等要求高；审批程序复杂、效率低	相对稳定
	（5）财税条款	比较苛刻，合同者盈利空间越来越小	
	（6）合作模式及掌控力	独立作业、联合作业、参股三种模式。掌控力受资源国政府、合作伙伴、合同条款等掣肘。一般合同附有义务工作量	一般自主作业。勘探开发活动自主性强，掌控力强
经营理念	（1）追求目标	以经济效益为核心，追求合同期内价值最大化	注重"三率"（采收率、储量动用率和替代率），兼顾效益，保障国内能源供给
	（2）经营策略	"好油快投、有油快流"，快速回收投资、规避风险	制订合理的技术政策界限，推进有序开发

续表

分类		海外油田	国内油田
勘探开发	（1）开发方式	天然能量开发、注水开发、稠油热采等	多采用注水开发或三次采油提高采收率
	（2）开发层系	层系划分通常一次到位，大多数不进行细分调整	细分层系开采，持续精细调整
	（3）井网井距	井网井距受政策法规、地貌条件、地质油藏条件、经营策略等多因素影响	确定合理井网井距，注重井网控制程度
	（4）数据资料	资料录取少，历史资料、非作业项目的资料获取难度大	各种油气藏静态和动态资料相对齐全、完整

一、商务环境

在海外开展油气勘探开发活动时，常常面临商务环境带来的挑战。

社会环境：中国石油公司海外油气勘探开发项目主要集中在非洲、中东、中亚、南美等亚非拉地区，这些地区地缘政治形势复杂，多有战乱、恐怖袭击、宗教矛盾、罢工频发、社区关系复杂等因素，严重影响正常勘探开发生产经营活动，甚至导致油田停产。部分资源国的项目审批程序复杂、效率低，建设周期长。

合同类型：海外合同类型多样，一般可分为矿税制合同、产品分成合同、技术服务合同三种，不同合同类型及财税条款有不同的利润分配模式，不同项目投入产出比例差异较大。不同资源国油气项目特点不同，采用的合同类型不同，即使同一国家同一合同类型，其不同区块财税条款也可能存在差异。

合同期限：海外油气勘探开发项目大多数都有合同期限制。勘探项目期限一般3～5年，开发项目一般20年。合同期限长短对油气项目在合同期内的价值和未来发展具有重大影响。

政策法规：部分资源国相关政策法规多变，或上调税费缴纳比例，或规定一定比例的低价内销量，压缩合同者获利空间，同时，受到用工本地化、环保等要求高的影响。资源国政策法规变化、汇率变动等都会给经营带来巨大影响。

财税条款：多数资源国财税条款比较苛刻，油气生产税费负担重，合同者盈利空间小。

合作模式及掌控力：海外项目合作模式多样，有独立作业项目、联合作业项目、参股项目等。不同合作模式，合同者对油气勘探开发经营活动的影响力和掌控力不同。一般地，独立作业项目掌控力相对较强，其次是联合作业项目，参股项目掌握力最弱。同时，由于受资源国政府、合作伙伴、合同条款等多因素掣肘，海外油气项目掌控力总体较弱。

二、经营理念

追求目标：海外油气勘探开发项目以经济效益为核心，追求合同期内的效益和价值最大化，实现国外资源的有效利用。而国内油田开发生产在追求效益的同时，通常更加注重提高采收率、储量动用率和替代率等"三率"，保障国内能源供给。

经营策略：海外油气勘探开发项目坚持"好油快投、有油快流"的经营理念和策略，快速回收投资，规避各种风险，合同期内尽可能多地生产效益产量。而国内油田更注重制订合理的技术政策界限，推进有序开发。

三、勘探开发

开发方式：海外油气开发方式主要是天然能量开发、注水开发、稠油热采等。国内多采用注水开发，部分采用化学剂提高采收率和热采。

开发层系：海外油气开发层系划分通常一次到位，大多数不进行后期细分调整。国内通常随着开发程度的加深，进行层系细分开采，持续精细调整。

井网井距：海外油气开发井网井距受政策法规、地貌条件、地质油藏条件、经营策略等多因素影响，如部分国家要求井距不小于 300m；深海油田为了降低开发成本，采用大井距、稀井网，井距通常 1000～2000m。

数据资料：海外油气项目动态资料录取少，特别是生产动态监测资料少。非作业项目的资料获取难度大，各种油藏静态和动态资料相对不齐全、不完整。

第二节　油气资产价值评估方法

不同的油气资产价值评估方法对油气资产价值有重要影响。在调研国内外油气资产价值评估方法的基础上，结合海外油气资产价值评估需求，选择适合海外项目的油气资产价值评估方法、评估程序。

一、油气资产价值评估要素

油气资产价值是由自身价值和所有权价值决定的"潜在社会价值"、劳动价值决定的"现实社会价值"、环境补偿价值与风险价值复合而成的。对油气资产有期权特性的实物资产来说，其价值包括两部分：一是不考虑实物期权的存在，由油气资源的"潜在社会价值"、劳动价值决定的"现实社会价值"、环境补偿价值构成的石油资产的固有内在价值；二是由油气资产风险价值体现的期权价值。

油气资产价值评估是指在一定的社会经济条件下，采用现代数学、经济学并借助计算机工具，对油气投资项目从工程、技术、市场、社会和环境等方面进行调查、预测、计算、分析和论证，以考察项目投资行为的经济性和可行性。

中国能源企业实施"走出去"战略已经 20 多年，逐步建立了海外油气项目价值评估流程，大型石油公司都有自己的研究机构，并往往配合国际专业顾问公司进行评估，通常由大型石油公司所属的研究院所完成最终项目评估报告；中小型油气公司多数会聘请第三方技术服务公司完成业务、财务、法律等方面的最终资产价值评估。

海外油气资产价值评估通常围绕"储量、产量、合同、市场"四类评价、分析关键要素分别展开研究，主要研究内容如图 1-2-1 所示。

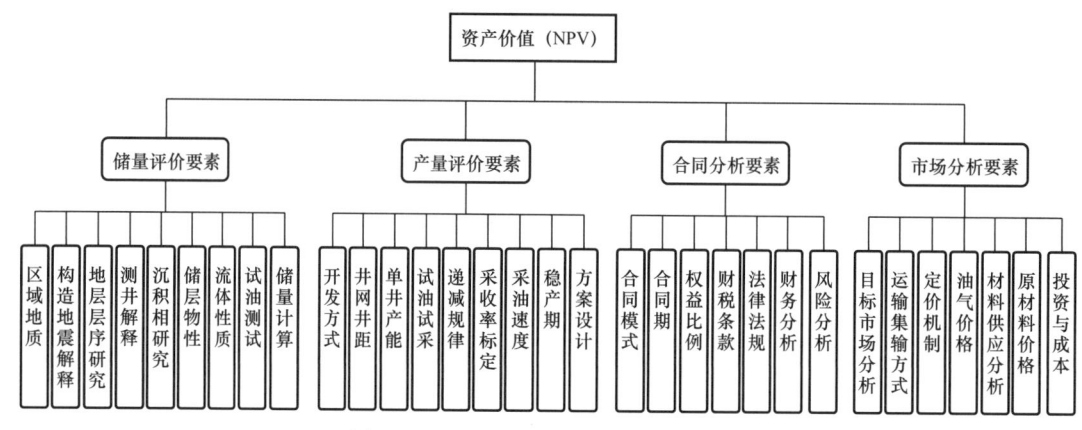

图 1-2-1　海外油气资产价值评估要素

1. 储量评价要素

区域地质研究内容一般包括圈闭评价、储层物性评价以及原油生储盖条件的配置情况评价等，从宏观层面确定研究区域的含油气潜力。

对于储量评价，需结合区域地质研究、构造地震解释研究、测井解释研究、地层层序研究、沉积相研究、储层物性研究、试油测试、递减规律等，系统研究论证储量相关计算参数，而后开展储量评价。

地层层序研究主要是根据测井和岩屑录井分析来进行地层划分。构造地震解释研究主要是通过地震资料解释及井震联合研究，确定断层及其组合，通过时深转换等确定含油层系深度并得到构造图。

测井解释研究是一项综合研究，通过测井曲线确定含油气特征，绘制"四性特征图版"，计算孔渗饱等参数，结合试油试采成果确定储层物性下限值，以及油水边界和油层有效厚度等重要参数。

海外油气储量评估研究通常遵循 SPE 准则。储量计算结果以及地质研究形成的含油面积构造图、油层厚度图等图件，是储量评价的基础数据。

2. 产量评价要素

产量评价研究内容主要包括试油试采分析、开发方式研究、井网井距论证、单井产能研究、递减规律分析、采收率标定及可采储量计算、方案生产指标预测等。

通过试采数据分析单井生产能力，计算产液量和采油指数、弹性产率等参数。

开发方式研究基于地质构造、含油面积分布以及油层划分和物性差异，分析论证分层系划分，采取注水开发、天然能量开发或者根据原油物性确定是否适宜特定油藏等。

井网井距论证是在确定了开发方式和层系划分基础上，分析论证经济井网模式和井距大小。单井产能研究是在试采分析基础上，根据开发方式和采油模式，确定压力保持水平，并据此计算单井投产初期日产油能力。为确定单井产能的递减变化规律，需要进行递减率分析。

采收率标定是研究在既定开发模式下的油藏技术采收率，一般采用类比法和经验公式计算法，选取合适的采收率值作为油藏开发的技术指标参考。生产指标预测是在上述基础上，确定开发井数，根据钻井计划预测合同期每年原油产量。

3. 合同分析要素

合同分析是商务评价工作的重要内容。油气价值评估需要对油气项目合同进行剖析，确定项目合同期、剩余合同期、合同模式、权益比例、成本回收限制和利润分成比例等，以及油气项目所在资源国的相关法律法规和财税条款分析研究，明确税费规定、投资优惠政策、外汇管制制度及相关财务制度等。在合同及法律法规分析基础上，建立项目价值评价模型。

4. 市场分析要素

市场分析目的是为了确定产品销售价格，以及分析建设材料价格，落实项目投资和成本参数。产品销售价格根据所产原油密度（API度）和含硫量等参数确定原油品质，对比同品质原油国际市场价格规律，进行价格升贴水测算。建设材料市场价格，要考虑运输周期、运输费用及行情。分析油田生产要素的成本价格水平，如人工、电价、水价等，为项目投资及成本参数提供可靠依据。

完成上述分析研究可以测算油气项目价值，以及内部收益率、投资回收期等资产评价指标。将计算得到的项目评价指标与行业基准指标进行比较，如果好于行业基准值则说明项目可行，反之需要对项目进行优化。

二、国内外油气资产价值评估方法

国内外不同领域的许多专家、学者对油气资产价值评估进行了大量的研究，提出一些较成型的评估方法和模型，对指导油气项目的投资发挥了一定作用。不同的油气资产价值评估方法和模型都有其自身的特点和应用条件。结合海外油气项目经营特点，通过对比分析，认为净现值法是最适用于海外油气资产价值评估的方法。

1. 常用油气资产价值评估基本方法

油气资产价值评估方法主要包括收入预测法、勘探成本法、经验估算法和比较销售法。

收入预测法即现金流法，这类方法基于对未来收入的预测。使用这类方法可以使投资者用一个统一的投资标准来比较在石油工业中的投资和其他领域的投资。由于收入预测法考虑了时间因素，因而这类方法对寿命较短的储量有利。收入预测法包括累计现金流法、净现值法、回收期法等，是油气资产价值评估最为常用的一种方法。勘探成本法考虑各种勘探投资、油气潜力与风险及预期勘探利润率，估算油气资产价值。经验估算法不需要对油气储量进行复杂研究和产量预测，依据同地区单位储量价值的经验值来估算油气资产价值。比较销售法通过类比同类油气资产的近期售价来估算油气资产价值，使用方法简单，但是存在较大风险和不确定性。

1）收入预测法

（1）累计现金流法。

累计现金流法的适用原则是需在投资回收期内收回投资，油气资产价值即为从购买资产起到合同期末的累计现金流。公式及符号含义如下：

$$V = \sum_{t=1}^{T} U_t \quad (1\text{-}2\text{-}1)$$

式中　V——油气储量价值；

　　　U_t——第 t 年的现金流；

　　　T——合同期末的年限。

该方法的结果几乎包含了回收期内的投资、成本、税收等所有因素。

（2）净现值法。

净现值法是油气资产价值评估最常见的方法。通常情况是，在油气勘探工作开展到了解某一油田区块的储层物性和油藏条件，并对其油气资源量具有一定探明时，才会采用净现值法。净现值法是以一定的收益率作为贴现率，将油气资产在未来开发生产寿命期内预计产生的现金流进行贴现，换算为等值的现值之和，并以此净现值作为油气资产价值。计算公式为：

$$V = \sum_{t=1}^{T} (CI_t - CO_t)(1 + TIRR) \quad (1\text{-}2\text{-}2)$$

式中　CI_t——第 t 年现金流入；

　　　CO_t——第 t 年现金流出；

　　　$TIRR$——目标内部收益率；

　　　T——油气可采储量合理采出年限，海外油气项目通常与合同期限一致。

2）勘探成本法

张今弘等（1995）提出勘探成本法，认为油气勘探成本和由资源所获得的平均利润构成一个油田油气储量价值，用公式可以表示为：

$$\text{单位储量价值} = \text{单位储量勘探成本} \times (1 + \text{成本加成率}) \quad (1\text{-}2\text{-}3)$$

$$\text{单位储量结算价格} = \text{单位储量勘查成本} \times (1 + \text{定额利润系数}) \quad (1\text{-}2\text{-}4)$$

其中，成本加成率和定额利润系数要受油气储量资源所处的地缘政治环境、国际油价、原油品质等影响。在应用勘探成本法时，尤其要注意一点，勘探投资和勘探成本是有着本质差别的，勘探投资中的一部分费用，例如矿区建设和配套设备的费用应当逐年计入成本之中，而非一次性全部归为油气项目开发之初的投资。

3）经验估算法

经验估算法无需对油气储量大小和产量情况展开技术上的研究和预测，而是与其他方法结合，了解当地油气当量的经验价格进而确定油气资产价值。

单位储量价值法适用于探明的正在开采的储量，美国常用的经验公式如下：

$$\text{地下每油当量桶储量价格} = \frac{1}{3} \times \text{井口每桶油的价格} \quad (1-2-5)$$

$$\text{储量价格} = \sum(\text{各级别储量每油当量桶的价格}) \times \text{各级别储量数} \quad (1-2-6)$$

单位产量价值法中经验系数会随当地油价的波动而变化，经验公式如下：

$$\text{油田储量资格价格} = \text{油田每日生产的油当量桶数} \times \text{经验系数} \quad (1-2-7)$$

4) 比较销售法

比较销售法是根据可比资产的近期售价得到油气资产的价值。该方法用于油气资产价值评估，得到美国国内税务局及有关联邦机构的支持，但在石油行业中并不常用。其优点是使用简单，只需要对储量进行估算，而对储量需要多长时间采出并不要求了解，未来油气价格的不确定性已经包含在比较的销售价格中。

2. 不同油气资产价值评估方法比较

不同油气资产价值评估方法考虑因素不同、其适用条件也有差异。各评估方法含义及适用条件见表1-2-1。

表1-2-1 不同油气资产价值评估方法含义及适用条件对比

类别	细分	定义	适用条件
收入预测法	累计现金流法	基于回收期内收回投资的原则，油气储量资产的价格即为累计现金流，可以通过累加回收期内从购买的资产获得的现金流得到	对潜在的通货膨胀不敏感，也未考虑后备储量，对不同生产寿命的储量可通过调整回收期来改进方法的不足
	净现值法	净现值是一项投资所产生的未来现金流的折现值与项目投资成本之间的差值。净现值法根据净现值的大小来评价投资方案。净现值越大越好	适用于在油田勘查到一定程度，能够大致确定油田储量并了解储层物性和油藏条件的情况下
勘探成本法		油气储量价值是由其勘探成本和平均利润所构成，勘探成本通常由取得探矿权支出、地质调查与物化探查支出、探井支出等组成	适用于在油气勘查初期，并未发现油气储量，而只是有远景估计，转让租地的勘探权时
经验估算法		单位储量价值法：地下每油当量桶储量价格 =1/3× 井口每桶油的价格 单位产量价值法：油田储量资格价格 = 油田每日生产的油当量桶数 × 经验系数	该方法需要与其他方法相结合，但无需对储量进行复杂研究和产量预测
比较销售法		油气资源资产的价格可以根据可比资产的近期售价得出	在石油行业并不常用，因为几乎不可能有相同的资产进行可比销售

累计现金流法考虑了投资、经营成本和税收等所有的因素，但是对通货膨胀不敏感，且忽略了资金的时间价值。

净现值法是目前国内外石油公司应用最广泛的效益评估方法，该方法科学、周密，其最大优点在于考虑了资金的时间价值，动态地反映了油气勘探开发项目的经济价值，尤其是在产量、投资成本、油价的预测准确度较高的情况下应用效果良好。因此，该方法主要应用于未来不确定性较小、各种资料比较完备的油气开发项目，对于处于评价阶段的勘探项目，也可以使用该方法。净现值法考虑了所有预测的生产因素以及包括通货膨胀在内的所有预测的经济因素，但对目标收益率的确定存在困难。

勘探成本法若要得到合理的评估价值，需要地质学家对生油层、储层、盖层、运移、圈闭、保存进行地质风险评价及对资源量进行评价，经济学家对未来收益进行预测。

经验估算法需要知道该地区单位储量价值的经验值，同时仅适用于已经探明正在开采的储量，对于已探明未开采的储量，则需要根据5年内是否可以动用对其单位储量价值进行折扣。

比较销售法的风险在于对于比较资产的近期售价的合理性存疑，可能因购买者急需而使价格偏高，或因出让者急于转让而使价格偏低，最大的不足是对欲购买资产与可比资产之间相同点与不同点很难确切查明，从而使价值评估出现偏差。

到目前为止，多数研究更着重分析油气资源资产的价值构成，从经济、财务方面入手分析油田的投资、成本、财税等，进而估算油气资产的净现值，研究基本止于评估油气资产实用性方法提出以及总价值结果估算，但是却没有全面考虑影响价值的各类工程技术类因素及其影响程度。

在方法调研基础上，选取科学合理评估方法，确定影响油气资产价值的经济类因素，进而通过油气储量及油田产量建立油气经济价值因素和油气藏地质工程、钻完井工程、采油工程和地面集输工程等因素关系，达到系统分析影响油气资产价值的经济、技术等各类因素，完成在建立适合海外项目的油气资产价值评估方法及程序的同时，系统分析影响资产价值不同影响因素的指标表征、置信区间和变化范围的目标。

3. 海外油气资产价值评估基本方法的确定

根据不同资产价值评估方法的优劣势比较，综合分析海外油气资产的生产经营特征，本研究选择净现值法作为海外油气资产价值评估方法。根据计算净现值（NPV）所需要的指标，系统分析影响油气开发生产收益的因素，确定影响油气资产价值不同因素的指标表征、置信区间和变化范围，并建立不同因素与油气资产价值的定性、定量关系。计算净现值公式：

$$NPV = \sum_{t=1}^{n}(CI-CO)_t(1+i_c)^{-t} \quad\quad (1\text{-}2\text{-}8)$$

式中 i_c——折现率。

根据式（1-2-8）分析净现值影响因素的构成如图1-2-2所示。

```
                        NPV
          ┌──────┬──────┼──────┬──────┐
        产量    价格   投资   成本   财税
                 │      │      │      │
              Net Back  UDC   UOC  Goverment Take
                                    (Gov. Take)
```

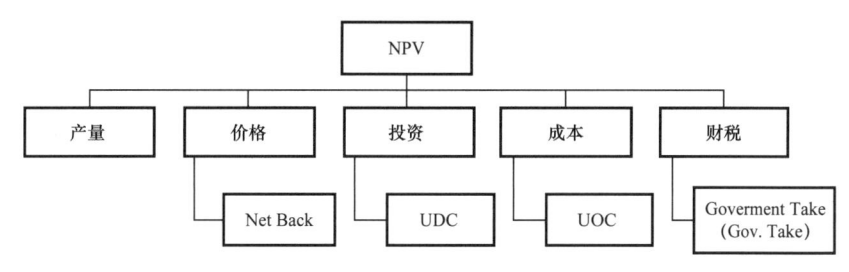

图 1-2-2　净现值影响因素

其中：

　　Net Back = 销售价格 - 桶油价格贴水 = 销售收入 / 总产量；

　　UDC = 开发投资 / 总产量；

　　UOC = 操作成本（含管输费，销售费用和管理费）/ 产量；

　　Gov.Take = 政府收入（含利润油分成）/ 总产量。

因此可以得到：

$$NCF=（Net\ Back-UDC-UOC-Gov.Take）× 年产量$$

$$NPV=\sum NCF/(1+i)^n$$

式中　Net Back——单位产量销售收入；

　　　UDC——单位产量开发投资；

　　　UOC——单位操作成本；

　　　Gov.Take——单位产量政府收入；

　　　NCF——未折现净现金流；

　　　i——折现率；

　　　n——合同年限。

以净现值法（NPV）为基础，净现值与技术类、经济类指标均有相关性，综合考虑技术类、经济类因素，得到各参数指标和油田开发的收入、支出对应关系，见表1-2-2。可以看出，经济参数包括投资、销售、税率、成本、油价等；核心开发参数有产量、注入量、开发方式、井型、井数和生产时间等。

表 1-2-2　油气开发生产收益评估指标集

类别		构成
开发类参数	开发	（1）开发方式
		（2）实施时机
		（3）注/采井型
		（4）注/采井数
		（5）井深

续表

类别		构成
开发类参数	生产	（1）初期采油速度
		（2）稳产时间
		（3）递减率
	工程	（1）钻井工程量
		（2）完井工程量
		（3）采油工程量
		（4）地面集输工程量
经济类参数	价格	（1）原油销售价格
		（2）天然气销售价格
	税率权益	（1）基准收益率
		（2）各种财税
	投资	（1）勘探直接投资
		（2）钻井工程投资
		（3）注水/注气工程投资
		（4）技术工程投资
		（5）辅助工程投资
	成本	（1）操作成本
		（2）管输成本
		（3）管理成本
		（4）其他成本

在研究风险可控、经济给定条件下的净现值最大时，重点分析技术类指标，即产量影响因素。如何准确描述不同条件下、有效开发时间内的产量运行剖面成为关键问题。

第三节　海外油气资产价值影响因素识别

海外油气勘探开发与国内油气相比，在财税条款、政策法规、投资环境、合同类型等方面存在明显差异，油气资产价值影响因素常常受到油藏地质条件、开发及配套工艺技术、经济等多种因素影响，总体可以归纳为三大类：地质类、开发类、经济类。

一、地质类因素

油藏地质条件是影响油气资产价值的重要因素，决定了储量品位的好坏、开发技术难度的大小、开发成本的高低。油藏类型主要与圈闭类型、储层特征、流体性质等因素相关。油藏埋深、储层类型、含油面积、渗透率、孔隙度、储层厚度、裂缝系统、含油饱和度、流体性质等储层特征参数，决定了储量品位的好坏和油藏产油能力。

如致密砂岩气储层具有极低孔隙度极低渗透率的地质特点，与常规天然气藏相比，致密砂岩气藏构造平缓、埋藏较深、岩性致密、低孔渗、孔隙结构复杂、次生（溶蚀）孔隙相对较发育、高含水饱和度、高束缚水饱和度、电阻率较低、沉积物成熟度低、成岩成熟度高、高毛细管压力、无明显的气水界面等。致密砂岩气藏的一个突出特点就是自然产能低、产量递减快，需要采取增产措施和特殊的钻井和完井方式满足商业开采的要求。

海外开发项目地貌地形复杂多样，涵盖了深海、浅海、沙漠、热带雨林、沼泽、丘陵、平原等各种各样的地形地貌。复杂的地形地貌特别是深海、浅海、沼泽和热带雨林等使产能建设投资和生产成本普遍较高，同时会影响井网井距等开发技术政策的制订，对项目的开发经营效益和油气资产价值带来影响。

二、开发类因素

开发类因素主要包括开发方式、层系划分及井网井距设计、采液及采油速度、配套钻采工艺、地面处理及集输工艺等，各项因素的选择不同，将直接影响油气藏开发生产效果、投资规模、经济效益，进而影响油气资产价值。

海外开发项目油气藏类型多样，有常规石油和天然气、煤层气、LNG、致密油气、页岩油气、油砂等，其中煤层气、LNG、致密油气、页岩油气、油砂等非常规油气项目工艺技术复杂，技术难度大、开发成本高，影响开发经营效益和油气资产价值。如加拿大和美国的页岩油气项目，普遍采用长水平井多段压裂技术，压裂费用几乎与钻井费用相同。

油砂项目生产工艺更加复杂，包括油砂挖掘、沥青萃取、沥青油改质等工艺流程，最后成为合成油，技术特点是开采和改质的工艺设备复杂、环节多、设备故障频发，需定期检修。同时，产能受生产装置能力的制约，其生产成本远高于常规油气田开发。

三、经济类因素

1. 合同类型

由于不同资源国油气项目特点不同，合作采用的合同模式不同，同一类型合同模式下，不同国家适应的具体财税条款也不相同，即使同一国家同一合同类型，其不同区块财税条款也可能存在差异。

合同者收益比指标（合同者收益比 = 合同者总利润/总销售收入）是衡量不同油气资源国财税宽严程度的一个重要指标。中国石化海外不同油气资源国的合同者收益比不

同，不同地区和国家的合同者收益比指标差异巨大。总体看，非洲国家油气项目一般以产量分成合同为主，其平均收益比普遍较高，其次是南美的矿税制。不同合同模式下的关键财税条款有较大区别。

1）矿税制合同

矿税制合同的产量销售收入可以看作是合同者收入，政府通过税收获得收入，税收项目繁多、财税条款复杂、税基计算也很复杂。构成矿税制合同的主要税费包括矿产资源开采税费、油气出口关税（包括与关税相关的其他税种，如哈萨克斯坦的出口租用税）、所得税、暴利税（或超额利润税）以及各类贡金等，矿税制合同收入分配流程如图1-3-1所示。通常来看，矿产资源开采税费和油气出口关税是矿税制合同的主要财税条款，也是矿税制合同模式下政府税收的主要来源，如俄罗斯常规油气田矿税制合同中矿产资源开采税和油气出口关税两税种占项目油气销售总收入的60%～70%，占各类石油税收总额的80%～90%。

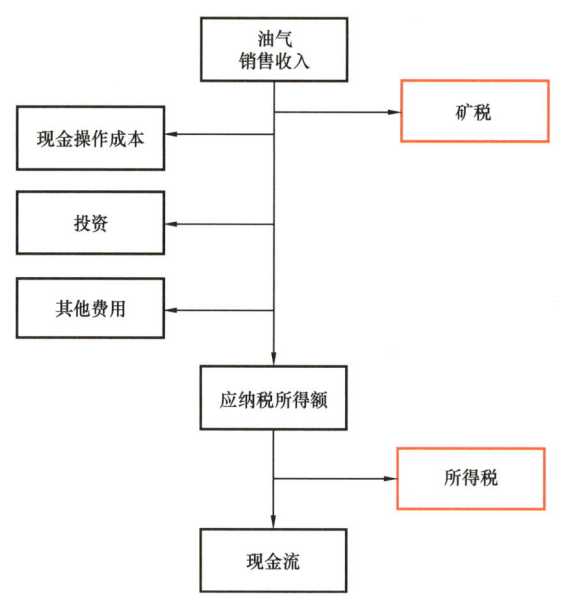

图1-3-1 矿税制合同收入分配流程

2）产量分成合同

成本回收和利润分成构成合同者收入，政府通过利润分成油及其他税收获得收入，但主要是利润分成油。产量分成制合同尽管也通常会有矿产资源开采费、地面租金、各类贡金等，但影响合同者收益的主要因素是成本回收机制和利润油分成机制，即成本回收上限、成本回收年限和利润油分成比例三大因素。其合同收入分配流程如图1-3-2所示。

（1）成本回收上限。

成本回收上限的高低直接决定了当年成本回收池的大小，影响项目投资成本的回收速度，进而影响项目投资回收期，通常情况下，产量分成合同的成本回收上限在60%～80%之间。也有些资源国的成本回收上限为100%或非常低，比如埃及的产量分成合同，其成本回收上限通常只有25%～35%。

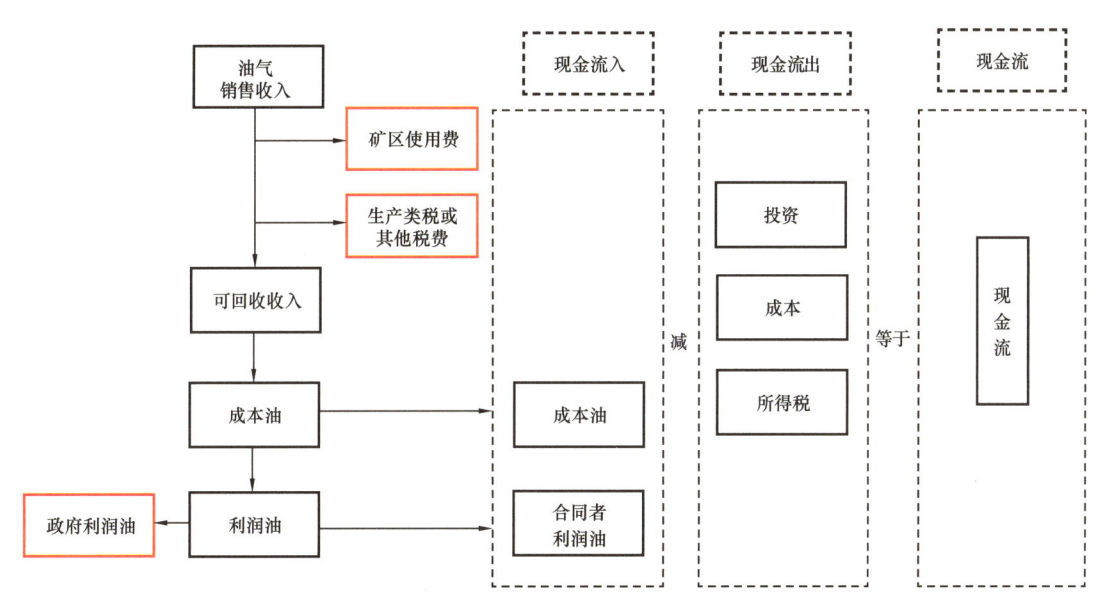

图 1-3-2 产量分成合同收入分配流程

（2）成本回收年限。

资源国政府为了降低合同者成本回收速度，确保政府能够提前分到利润油，通常会要求项目投资按一定年限进行折旧回收，折旧年限越长，其投资回收速度越慢，回收周期越长，对合同者越不利。通常情况下，资源国政府要求投资回收年限为4～5年，也有资源国产量分成合同中允许当期投资在下期全部回收（即没有回收年限的规定）。

（3）利润油分成比例。

不同资源国的产量分成合同下对利润油的分成机制基本一致，其差异主要在分成比例的确定机制不同。通常情况下，大多数油气资源国政府与合同者之间的利润油分成比例不会采用一个固定比例，而是根据不同条件设立不同的分成台阶（有固定式台阶，也有滑动式台阶）。在分成台阶方面，一般资源国产量分成合同中合同者分成比例台阶在10%左右，即不同条件变化后合同者利润油分成比例在10%左右变化。也有分成比例台阶较大的情形，比如安哥拉，其分成比例台阶变化达到20%，不同条件下其合同者分成比例分别为80%、60%、40%和20%。而埃及陆上常规油气项目产量分成合同的合同者分成比例台阶正好相反，其利润油分成合同对合同者来说相对苛刻，根据合同条款，合同者利润油分成比例一般为25%～30%，不同条件下的分成台阶只有1%～2%。一般来说，分成比例台阶大的项目其收益波动性大，风险也大，而分成比例台阶小的项目其收益也相对较为稳定，风险也相应较低。

3）技术服务合同

合同者主要通过服务费获得收入，投资和成本由合同者支付，政府通过高出服务费的收入（价格高出单桶服务费部分）及其他税收获得收入。影响服务合同经济效益的主要因素一般是项目单桶服务费的高低。如果项目谈判的单桶服务费过低，而项目开发难度较大,平均单桶投资、成本以及由此产生的利息大于项目单桶服务费,那么项目开发显然不具备经济效益,对于合同者而言,技术服务项目也就没有油气资产价值。

技术服务合同收入分配流程如图 1-3-3 所示。

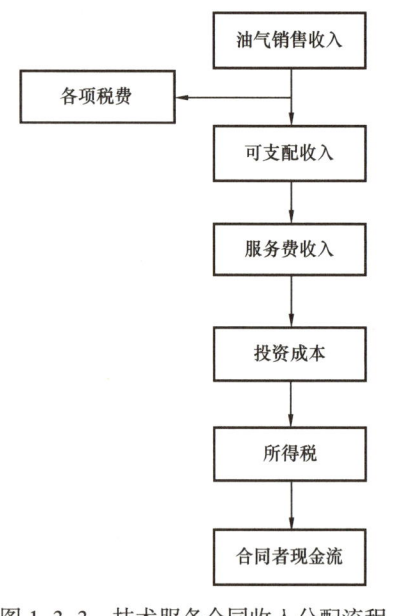

图 1-3-3 技术服务合同收入分配流程

2. 财税政策因素

受国际国内政治、经济因素影响,资源国政府经常会适时调整国家油气财税政策,一方面保证资源国政府最大税收,另一方面还要维持国内石油行业的正常发展。因此即使资源国政府调整其财税政策,石油公司总体合理的平均收益还是会有保障的,区别只是对于不同油气区块条件,其资产价值变化大小不同。资源国财税政策变化通常包括两个大的方面,即财税法案整体调整和财税条款部分调整。

1)财税条款部分调整

随着国际油价大幅波动,各资源国调整财税部分条款的动作时有发生,其中具有代表性的国家为俄罗斯。近年来,伴随着国际油价的起起落落,俄罗斯在其原油出口关税和原油矿产资源开采税上频繁做调整。

2)财税法案整体调整

资源国通常对其财税法案整体调整比较慎重,因此其调整频次通常较低,但调整后对油气项目价值影响通常也会比较大。其中比较有代表性的是尼日利亚 PIB 法案调整以及厄瓜多尔合同模式改变。

2010 年 7 月厄瓜多尔总统签署石油法修正案,要求油公司将产品分成合同改为服务合同。厄瓜多尔新的服务合同虽然降低了合同者在国际油价低迷时期的经营风险,但也提高了政府在高油价时代的收益比率,使合同者在高油价时期无法享受到高油价带来的超额利润,基于厄瓜多尔政府多变的政策财税环境,仍需要高度关注各方面的法律法规和政策变化趋势,做好应对准备,采取积极措施与资源国进行沟通谈判以确保合同者最大的利益。

3. 投资因素

海外油气项目所在的地形地貌位置不同,不同项目的开发方式不同,应用的配套技术设备存在差异,其投资和成本对油气资产价值的影响也不同。特别是海上、陆上的地形地貌差异对投资影响很大。

1)海上项目

通常情况下,由于海上项目,特别是深海油气项目的投资、成本较高,只有当油气田储量和单井产能规模达到一定要求时,油气田商业开发才能成为可能。由于海上钻井成本高，单井产能通常也比较高，因此深海开发区的钻井数量不会太多，一般采用大井距、稀井网开发。海上项目投资主要为海洋工程投资，包括 FPSO（浮式生产系统）、海底采油树以及海底集输管线等。

2）陆上项目

陆上项目投资主要为地面工程投资和钻采工程投资。影响地面工程投资的一个重要因素是地面建设规模，即根据整个合同周期内最大产液量、产油量、产气量来确定建设规模，其投资分类包括油气集输系统投资、油气水处理投资、注入系统投资、油气外输投资、公用工程投资以及基础设施投资。影响钻采工程投资的主要因素为地层地质条件，地层地质条件影响着相关钻井工艺的选择，进而影响钻井工程的投资。

4. 生产成本因素

生产成本是影响油气资产价值的重要因素。生产成本通常由操作成本（含管理费用）和销售费用两部分组成。

1）操作成本

石油项目操作成本中比重较大的成本项目通常为动力（燃料）、人员工资和油田工程服务。对不同的项目，由于其所处的开发阶段不同、地面设施要求不同、海陆环境不同，其操作成本高低差异很大。

生产初期项目，由于其产量较高（峰值），综合平均单桶操作成本相对较低；处于生产末期项目，由于产量递减后产量较低、含水率较高，一方面油田对动力及工程服务的需求会非常大，另一方面工资、保险及管理费等支出很难降低，导致项目平均单位操作成本相对较高。

采用天然能量开采的油气田的操作成本中动力（燃料）费用相应较低，比如天然气项目，其操作成本通常较需要补充能量（如水驱、气驱）开采的原油项目操作成本要低。深海的大型油气田通常利用 FPSO 来开采、处理并存储原油，因而会产生大额的 FPSO 租赁费以及维修维护费，其单位操作成本往往都会高于陆上常规油气项目。

2）油气销售费用

对于不同的项目，由于其油田位置离目标市场或销售终端距离不同，其油气销售费用差异较大。海上油田的原油可以直接在 FPSO 或平台上进行装油销售，原油销售费用主要为装卸费。陆上油田销售成本主要取决于资源国市场及管道设施的完善性和油气田离终端市场交油（气）点的远近。有些资源国由于基础设施落后或者油田位置孤立偏远，油田生产的原油必须通过车拉油方式进行销售，销售成本较高。

第四节 海外油气资产价值关键影响因素定量化评价

根据海外油气项目资料，基于海外油气资产价值评估方法，对资源国政治社会环境、油藏地质及储量品位、开发因素、合同类型及财税条款等各因素影响程度开展定量化研究，分析影响海外油气资产价值的主要因素及影响程度。

一、定量评价方法和数据准备

1. 数据来源和定量评价方法

筛选海外 50 个区块（油田）作为分析实例，分属于 17 个国家和地区。覆盖了 20 个产量分成合同、24 个矿税制合同、6 个风险技术服务合同等 3 类主要合同类型；涉及油藏类型包括 35 个常规稀油砂岩油藏、4 个孔隙型碳酸盐岩油藏、2 个裂缝型碳酸盐岩油藏、3 个普通稠油油藏、1 个特稠油热采油藏、5 个致密及页岩油气藏；按地貌分为 7 个海上区块（油田）、43 个陆上区块（油田）。

海外油气项目在收购前一般都有一定的开发生产历史，收购后制订开发方案，又有预测的产量和收益。因此，在进行油气资产价值评估时，就需要综合考虑收购前、后的产量和支出、收益变化。

对提供的数据进行数据构成分析，初步筛选出与海外油气资产价值相关的基础数据，并在此基础上利用数理分析方法，确定海外油气资产价值关键影响因素。具体方法和步骤如下：

（1）基于净现值相关经济效益计算方法，初步评价参数与各因素的相关性；
（2）综合采用灰关联、逐步回归的方法，确定各类主控因素对净现值的影响程度；
（3）基于层次分析法，确定影响开发效益的净现值因素权重。

2. 数据筛选及数据处理

确定影响开发收益净现值的各项客观因素，对其进行基本的分层分类，形成五大类多小项的因素分级，从而建立 NPV 评估体系，见表 1-4-1。

表 1-4-1　海外油气项目 NPV 价值影响因素分类表

项目	参数	1 级因素	
		因素类型	因素说明
分类	开发阶段	建设期，开发早期，开发中后期	—
	地面特征	产量分成，矿税制，风险技术服务	—
	合同类型	海上，陆上	—
收购时	前期支出	历史前期（收购开发前）支出合计	历史投资 + 历史成本 + 历史税收
生产指标	产量类	预测权益产油量	—
收购后	价格—收益类	收购开发年至合同期满价格—收益	价格 / 累计效益
	投资类	收购开发年至合同期满投资	累计开发投资
	成本类	收购开发年至合同期满成本	累计操作成本

采用主成分分析方法对开发收益 NPV 进行其他主控因素分析，通过分析，除已经确定的基本影响因素外，其余 38 个因素根据贡献率大小，确定出"前期支出合计"为其他主控因素，见表 1-4-2。

表 1-4-2　开发收益 NPV 其他因素分析

技术参数	贡献率		说明	是否单独考虑
类别	主成分贡献率	累计贡献率		
（1）2P 储量	0.0335	0.0335	与产量密切相关	
（2）峰值年产油量	0.0305	0.0640	与产量密切相关	
（3）前期支出合计	0.0298	0.0938	—	√
（4）前期其他费用	0.0298	0.1236	数据异常	
（5）累计产油量	0.0297	0.1533	与产量密切相关	
（6）投入开发时间	0.0293	0.1826	与其他量均相关	
（7）历史生产时间	0.0293	0.2119	与其他量均相关	
（8）原始地层压力	0.0290	0.2409	与其他量均相关	
（9）2017 年产油量	0.0289	0.2698	与产量密切相关	
（10）峰值年产油量	0.0263	0.2961	与产量密切相关	
…	…	…	…	
共 38 个因素				

对实际开发项目数据进行分类整理，作为后续海外油气资产价值关键影响因素定量化评价的基础。

二、海外油气资产价值关键影响因素的确定

考虑海外项目阶段性、合同特殊性等，评价时间从进入海外项目到合同期末，划分 3 类、8 种情景，开展影响价值的关键因素研究。可分为以下 3 类。

（1）不同开发阶段：建设期、开发早期、开发中后期等 3 类。
（2）不同合同类型：产量分成合同、矿税制合同、风险技术服务合同等 3 类。
（3）不同地貌特征：海上油田、陆上油田。

1. 全部数据的总体分析评价

对筛选的海外 50 个区块（油田）的历史前期支出、预测权益产量、平均原油销售价格、累计开发投资、累计成本等全部数据进行分析，确定其对净现值影响的关联度，结果如图 1-4-1 所示。

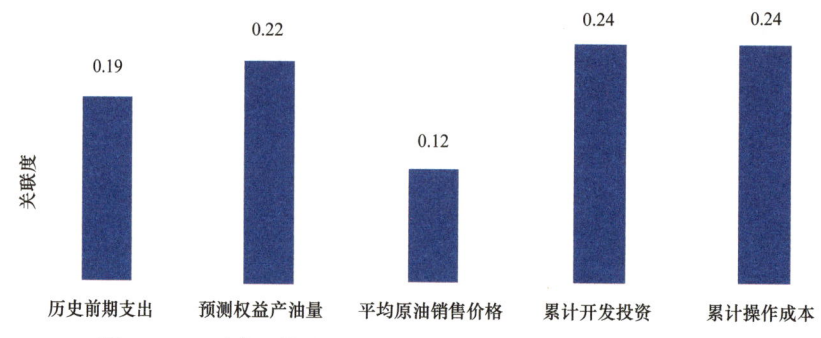

图 1-4-1 对净现值影响的关联度（全部样本数据体分析结果）

综合比较影响程度，对筛选的海外 50 个区块（油田）整体而言，累计开发投资、累计操作成本、预测权益产油量对净现值影响的关联度较大。

由于在选取的项目中，包含了因对资源国国内销售原油不受国际油价影响的 4 个项目，以及部分技术服务合同项目的收益回报受油价影响小（以固定的桶油服务费作为收益或投资收益率计算），这些项目目前约占产量的 25%，影响了油价因素对筛选项目整体效益的关联度分析，但这并不代表油价对其他具体项目的影响程度。

2. 按照不同开发阶段评价

基于"开发阶段"分类，分析各因素影响程度，结果如图 1-4-2 所示。

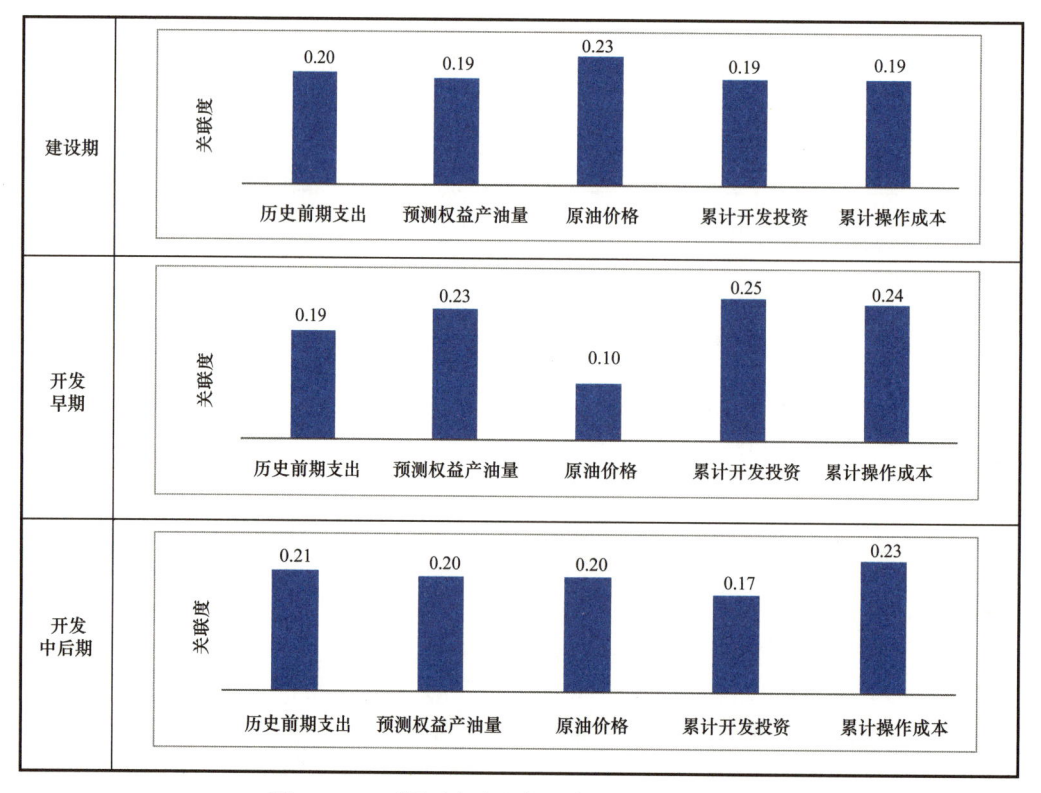

图 1-4-2 不同开发阶段各因素对 NPV 影响程度

可以看出，海外处于建设期区块（油田）的 NPV 对油价最敏感，其他因素影响程度相对均衡；处于开发早期区块（油田）的 NPV 对操作成本及开发投资较敏感，产油量次之；处于开发中后期区块（油田）的 NPV 对操作成本最敏感，投资影响程度较低。

3. 按照不同合同类型评价

基于"合同类型"分类，分析各因素影响程度，结果如图 1-4-3 所示。

合同类型	历史前期支出	预测权益产油量	平均原油销售价格	累计开发投资	累计操作成本
产量分成合同	0.23	0.27	0.18	0.18	0.14
矿税制合同	0.20	0.23	0.17	0.20	0.20
风险技术服务合同	0.20	0.21	0.12	0.23	0.23

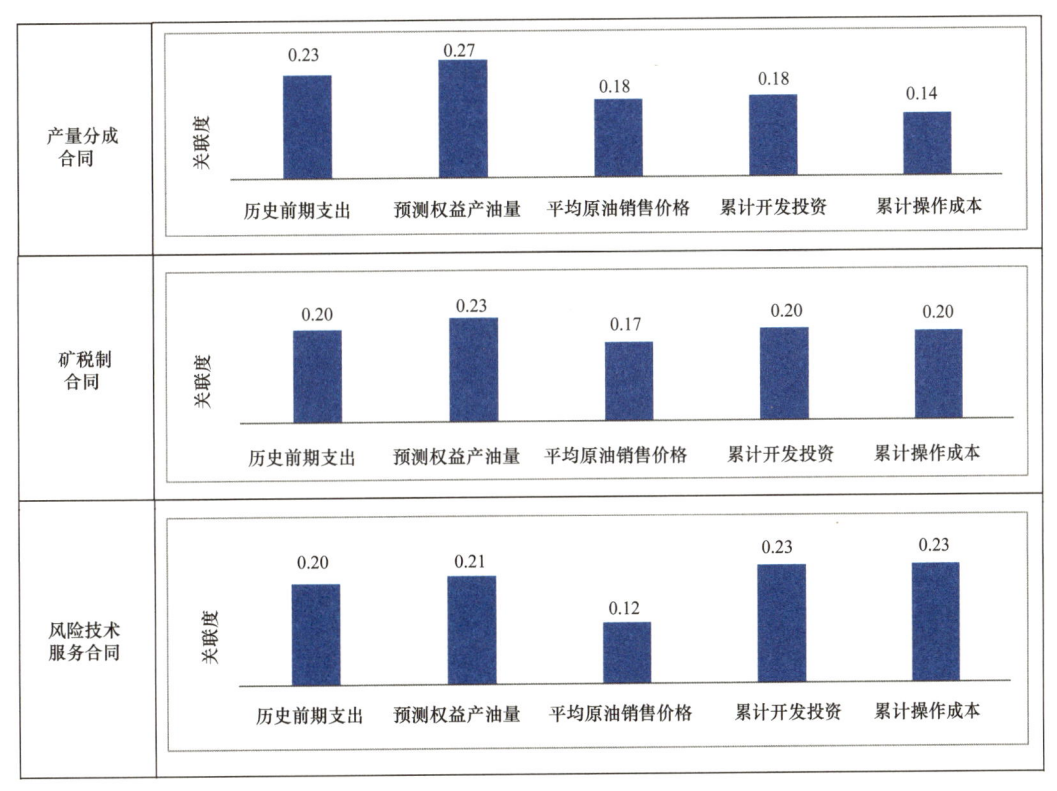

图 1-4-3　不同合同类型下各因素对 NPV 影响程度

对于产量分成合同，权益产量、前期历史支出对效益的影响程度较大。对于矿税制合同，权益产量对效益的影响程度较大。对于风险技术服务合同，由于技术服务合同项目的收益回报受油价影响小，以固定的桶油服务费作为收益或投资收益率计算，影响了油价因素对效益的关联度，其他几个因素影响程度比较接近。

4. 按照不同地貌特征评价

基于"地貌特征"分类，分析各因素影响程度，如图 1-4-4 所示。

可以看出，对于海上区块（油田），原油价格、操作成本的影响显著，历史前期支出、投资和产量次之。而陆上区块（油田），开发投资、产量、成本及前期支出影响权重接近，油价敏感度较小，主要部分技术服务合同项目都是陆上项目，其收益回报受油价影响小，影响了油价因素对陆上区块（油田）效益的影响程度。

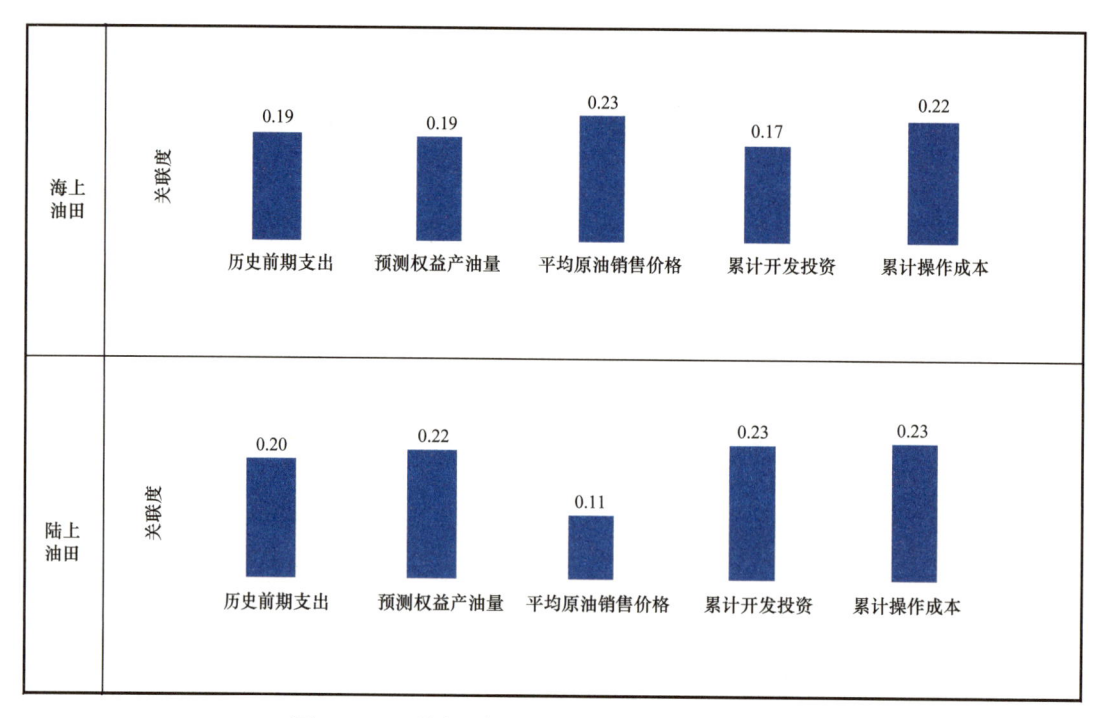

海上油田	关联度	0.19 历史前期支出	0.19 预测权益产油量	0.23 平均原油销售价格	0.17 累计开发投资	0.22 累计操作成本
陆上油田	关联度	0.20 历史前期支出	0.22 预测权益产油量	0.11 平均原油销售价格	0.23 累计开发投资	0.23 累计操作成本

图 1-4-4　不同地貌特征下各因素对 NPV 影响程度

第二章　海外石油工程投资估算方法及模型

海外油气开采具有风险高、投资大、建设时间长、投资控制难度大的特点，石油工程投资构成复杂，影响因素众多，是影响油气项目生产经营效益和资产价值的重要因素。研究油气田工程投资的规律和特点，对于节约投资、提升海外油气资产价值有非常重要的意义。选择合理的石油工程投资估算方法和工程投资模型，对快速、精确地评价油气资产价值尤为重要。

本章重点针对深海油田，阐述海外深海石油工程投资估算方法及模型。

第一节　石油工程投资估算基础

一、投资估算定义

投资估算是指在项目投资决策过程中，依据现有的资料和特定的方法，对建设项目的投资数额进行估计。投资估算是项目建设前期编制项目建议书和可行性研究报告的重要组成部分，是进行建设项目设计经济评价和投资决策的基础。投资估算的准确与否不仅影响到项目建议书和可行性研究工作的质量和经济评价结果，而且也直接关系到下一阶段设计概算和施工图预算和编制，对建设项目资金筹措方案也有直接的影响，因此，全面准确地估算建设项目的工程投资，是可行性研究乃至整个决策阶段投资管理的重要任务。

二、投资估算阶段划分

投资估算贯穿于整个建设项目投资决策过程之中，投资决策过程可划分为项目的投资机会研究或项目建议书阶段、初步可行性研究阶段、详细可行性研究阶段，因此投资估算工作也相应分为三个阶段。不同阶段所具备的条件和掌握的资料不同，对投资估算的要求也各不相同，因而投资估算的准确程度在不同阶段也不同，进而每个阶段投资估算所起的作用也不同。

1. 投资机会研究或项目建议书阶段

这一阶段主要是选择有利的投资机会，明确投资方向，提出概略的项目投资建议，并编制项目建议书。这一阶段的投资估算是作为相关管理部门审批项目建议书，初步选择投资项目的主要依据之一，对初步可行性研究及投资估算起指导作用，决定一个项目是否真正可行。

2. 初步可行性研究阶段

这一阶段主要是在投资机会研究结论的基础上,确定项目的投资规模和材料来源、工艺技术、场地选址、组织机构和建设计划等情况,进行经济效益评价并判断项目的可行性,从而作出初步投资评价。该阶段是介于项目建议书和详细可行性研究之间的中间阶段,是作为决定是否进行详细可行性研究的依据之一,同时也是确定某些关键问题需要进行辅助性专题研究的依据之一,可对项目是否真正可行作出初步的研判和决策。

3. 详细可行性研究阶段

详细可行性研究阶段也称为最终可行性研究阶段,主要是在占有相对充分资料基础上,进行全面、详细、深入的技术与经济分析论证阶段,要评价选择拟建项目的最佳投资方案,对项目的可行性提出结论性意见。这一阶段的投资估算是进行详尽经济评价、决定项目可行性,选择最佳投资方案的主要依据,也是编制设计文件和控制初步设计及概算的主要依据。

三、投资估算精度

项目的不同阶段对投资估算精度的要求不同。投资机会研究或项目建议书阶段,投资估算的工作比较粗略,投资额的估计一般是通过与已建类似项目的对比得来的,因而投资估算的误差率可能达到 ±30%。初步可行性研究阶段是介于项目建议书和详细可行性研究之间的中间阶段,投资估算的误差率一般要求控制在 ±20% 以内。详细可行性研究阶段研究内容详尽,投资估算的误差率应控制在 ±10% 以内。

国外工程项目管理分为五个阶段:项目投资机会研究、概念设计、初步设计、详细设计、施工管理,造价体系也对应分为五级造价体系,即 CLASS 5～CLASS 1。不同级别对应投资估算精度的要求也不同,见表 2-1-1。

表 2-1-1　国外工程造价体系表

阶段	项目投资机会研究	概念设计	初步设计	详细设计	施工管理
工程造价体系	CLASS 5	CLASS 4	CLASS 3	CLASS 2	CLASS 1
投资估算精度 /%	−40～60	−30～50	−15～25	±10	±5

四、投资估算指标

投资估算指标是在编制项目建议书可行性研究报告和编制设计任务书阶段进行投资估算、计算投资需要量时使用的一种定额。投资估算具有较强的综合性和概括性,往往以独立的单项工程或完整的工程项目为计算对象,其概略程度与可行性研究阶段相适应。

投资估算指标的范围涉及建设前期、建设实施期和竣工验收交付使用期等各个阶段的费用支出,一般可分为整体项目综合指标、单项工程指标和单位工程指标 3 个层次。建设项目综合指标一般以项目的综合生产能力单位投资表示。单项工程指标一般以单项工程生产能力单位投资表示。单位工程指标按专业性质的不同采用不同的方法表示。

投资估算指标的建立是个复杂的过程,首先在投资估算方法优选的基础上,搜集重点项目的历史投资资料,识别关键影响因素,根据资料到位情况,对各种数据进行分析和归一化处理;然后确定自变量、因变量和调整系数,通过各种方法建立投资逻辑关系,确定投资指标。最后在投资指标确定后,还需要反复地验证、调整和应用。

第二节　海外石油工程投资估算方法

相对于国内石油工程项目,海外石油工程项目涉及的油气藏类型众多,不同国家和地区的地形地貌、投资环境、工程市场发育程度和人工成本均不相同,没有固定的工程定额,石油工程投资相差巨大。海外石油工程投资的影响因素多且复杂,投资数据获取相对困难,需要根据不同的资料基础和不同的投资阶段要求,采取不同的投资估算方法和投资指标,对工程项目进行快速、准确的投资估算。

一、海外石油工程投资估算内容及流程

石油工程项目包括很多方面的内容,有物探、钻井、完井、井场、地面管线及场站建设、公共设施等。其中钻完井工程和地面工程建设是石油工程建设项目的主要内容,在石油工程投资中占有绝大多数投资。

1. 钻完井工程投资主要内容及估算流程

1)主要内容

目前国内外对钻完井工程的构成和分类没有统一的标准和规范,但较为普遍的方法是按工程施工工序进行分类,一般分为钻前工程、钻井工程、完井工程和钻后四个阶段。钻前工程包括井场建设和前期准备;钻井工程包括钻机和工具、钻井液、租用设备、注水泥、支持服务、交通运输、监督和管理等;完井工程主要为生产层位下完井管柱、固井、二次打开油气层及投产措施等;钻后主要为钻机复原及井场恢复。海外钻完井工程作业项目的构成如图2-2-1所示。

根据钻完井工程的作业内容,海外油气项目钻完井工程的投资可分为钻前工程投资、钻井工程投资、完井工程投资和钻后投资四部分。确定四个组成部分后,可按照投资构成将其细分为有形投资和无形投资两类。无形投资包括钻机租费、人工服务费、单项作业费等服务性质投资,有形投资具体是指套管、钻完井液、防喷器、水泥、油料等材料投资。

2)钻完井工程投资估算流程

钻完井工程投资估算是建立在分析已钻井现状的基础上,结合具体油田地层岩性、油气性质、压力和温度及考虑井下事故等因素,根据开发方案要求合理制订的。根据单井进尺和周期等具体工作量,优选投资估算方法和单项指标,确定钻井工程投资。流程如图2-2-2所示。

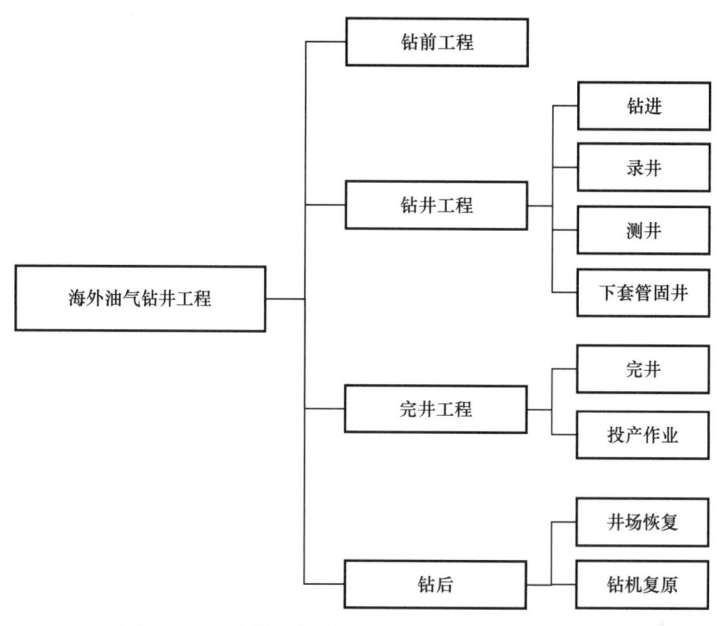

图 2-2-1　海外油气钻完井工程作业项目构成图

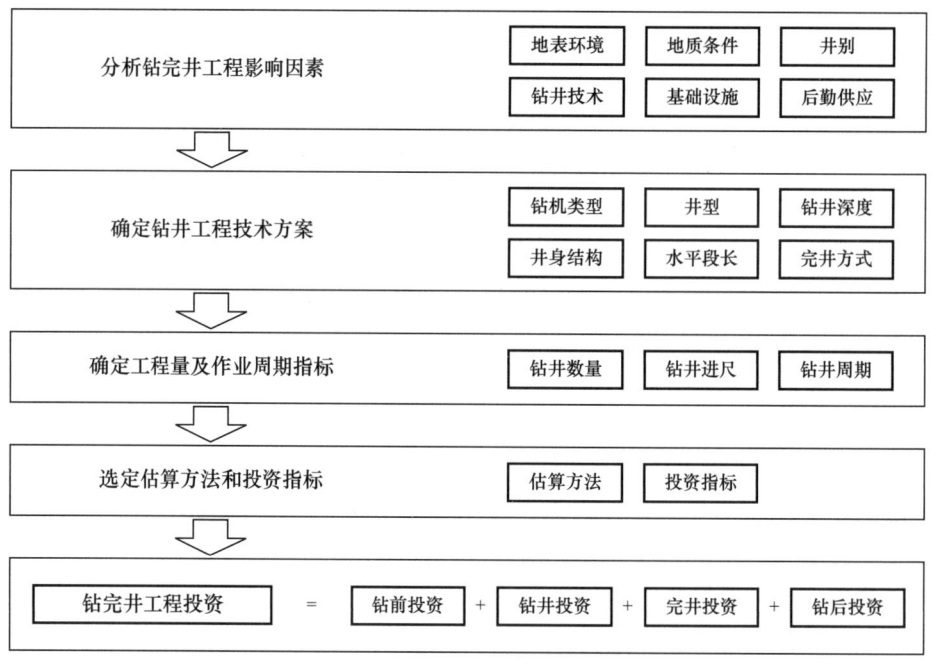

图 2-2-2　钻完井工程投资估算流程图

2. 地面工程投资主要内容及流程

1）地面工程投资的主要内容

油气田地面工程建设内容包括五个主要部分，如图 2-2-3 所示。

（1）油气集输系统：油气集输管线、注水管线、注气管线、井场、计量站、集油站、集气站、增压站等、井口平台、水下管汇等。

（2）油气水处理系统：中心处理站、天然气处理厂、中心处理平台、FPSO、水处理站等。

（3）油气外输系统：油管线、气管线、天然气凝液管线等。

（4）配套工程系统：变配电系统、通信系统、供排水系统、营地道路等。

（5）其他：发电站、改质厂、独立建筑物、码头等。

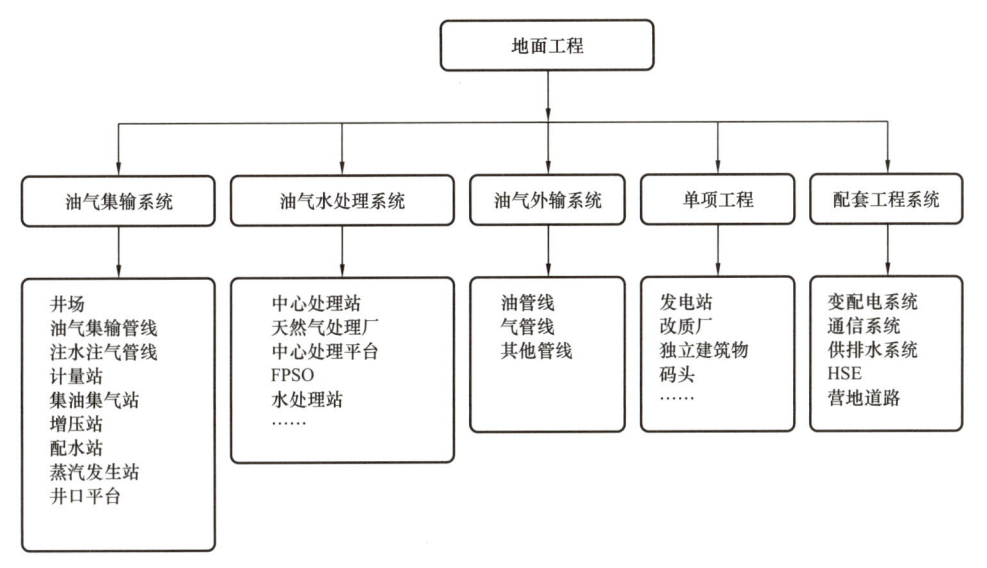

图 2-2-3　地面工程建设主要内容

在项目初期投资机会研究和方案筛选阶段，地面工程投资可以简化为集输系统、处理系统、外输系统投资和其他投资四个部分。其中集输系统包括井场、集输管线、小型设备、水下结构等；处理系统包括中心处理站、FPSO、生产平台、天然气处理厂站、污水处理站、发电站及其他场站、配套工程；外输系统包括油外输管线、气外输管线及相应设施；其他投资包括设计费、管理费、不可预见费等。

2）地面工程投资估算流程

地面工程投资估算要在分析油田勘探开发现状、油气性质、自然条件及各种影响因素的基础上，紧密结合油气田开发方案，制订合理的地面工程方案，确定地面工程建设的工作量，然后根据选定的投资估算方法和各类指标，确定地面工程建设规模和投资。地面工程投资估算流程如图 2-2-4 所示。

二、海外石油工程投资关键影响因素

海外油气项目涉及类型较多，不同的油藏类型、地层条件、流体性质、地面环境、开发方式、工程市场等均影响石油工程项目的投资。需在分析典型项目的技术特点和实际投资基础上，识别影响具体项目、区块和油田工程投资的关键因素，建立适应具体项目的石油工程投资估算方法。对于不同项目所处的阶段以及掌握资料基础不同，具体估算方法也需要进行优选。

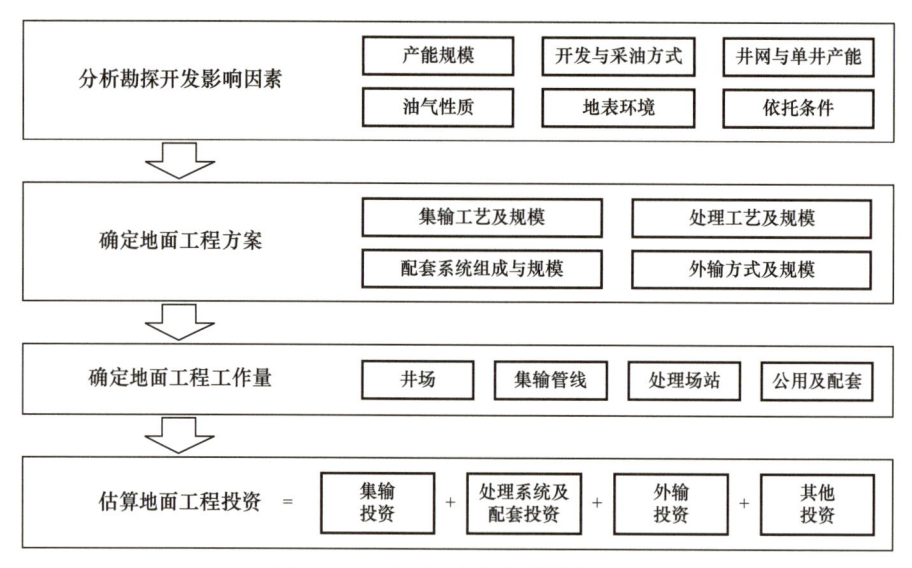

图 2-2-4　地面工程投资估算流程图

1. 钻完井工程投资的关键影响因素

钻完井工程是油气田开发工程非常重要的环节，需要掌握钻完井方案的技术细节，识别钻完井投资的影响因素才能更好完成投资估算。通常影响钻完井工程投资的因素包括水深或地表环境、井深、井型、井身结构、地层岩性、机械钻速、完井方式、腐蚀性气体及其含量、浅层水或浅层气、地层压力、设备及服务市场等。

可采用主成分分析法确定钻完井工程投资的关键影响因素。主成分分析法是考察多个变量间相关性的一种多元统计方法，研究如何通过少数几个主成分来揭示多个变量间的内部结构，即从原始变量中导出少数几个主成分，使它们尽可能多地保留原始变量的信息。通过正交变换将一组可能存在相关性的变量转换为一组线性不相关的变量，转换后的这组变量叫主成分。通过选取累计贡献率超过85%的几个主成分，配合回归法和敏感性分析法，确定关键影响因素。

现以西非某深水项目估算使用的日费投资估算法为模板，在划分钻井单元基础上，量化分析各因素对投资的影响，进而识别影响投资的关键因素。将西非深水区块完钻典型井进行数据统计，统计发现钻前、钻井、完井和钻后四部分中钻井投资和完井投资合计97.8%，满足应用主成分分析法的要求（主成分构成大于85%），如图2-2-5所示。将钻完井投资进行降维处理，简化为钻完井投资等于钻井投

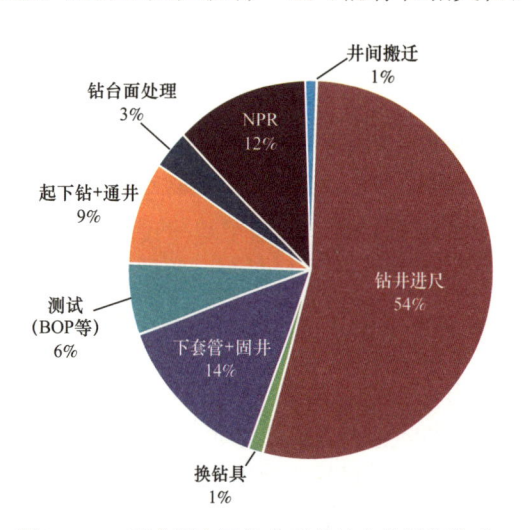

图 2-2-5　西非深水区块典型井钻完井周期构成

资和完井投资之和。钻井投资的主要构成是钻井有形投资（28.8%）和钻井无形投资（71.2%），完井投资构成为完井有形投资（25.6%）和完井无形投资（74.4%）；其中，钻井无形投资 = 钻井周期 × 钻井日费，完井无形投资 = 完井周期 × 完井日费。

经主成分降维后，钻完井周期主要由钻井进尺、下套管、固井、下完井管柱、起下钻及通井、洗井等工序构成，这些工序的作业时间受完井方式、井深、井身结构、地层岩性、机械钻速、钻井风险等因素影响，因此这些因素是影响钻完井周期的关键因素。

钻机日租费、大型设备租费、单项服务费、人工费是影响钻井日费的主要构成，见表 2-2-1，其对应的因素为水深、井型、设备及服务市场。

表 2-2-1　西非深水区块钻井日费构成归类　　　　　　　　　　　　　　　单位：%

类别	占比
钻机日租费	34.5
大型设备租费（拖船、直升机、机器人等）	20.4
单项服务费（定向、测录固取心钻井液等）	16.5
人工费（监督、工资等）	20.4
保障费（电力通信等）	8.2

除无形投资外，影响钻完井投资的还有有形投资，主要包括管材等材料投资及其他消耗类材料及设备等，其构成和影响因素见表 2-2-2。

表 2-2-2　西非深水钻完井管材及其他消耗类材料投资占比　　　　　　　　单位：%

类别	占比
主材费 （管柱、配件、封隔器、防喷器、井口、钻完井液等）	70.5
配套材料费 （剂、电缆、酸、小工具等）	19.1
保障费 （杂项、保险及其他）	10.4

由以上分析得知，西非深水钻完井投资关键影响因素为井深、进尺、周期、水深。

2. 地面工程投资的关键影响因素

影响地面工程投资因素繁多，除了与油气田开发方案要求的地面工程建设工作量密切相关外，也受到自然条件、资源国石油工程市场发育情况、国际油价和投资环境等因素的影响。影响地面工程投资的因素有以下几点。

1）油藏类型和油气性质

不同油藏类型和油气性质要求采用不同的地面工艺，直接影响地面工程总体布局与各系统方案。

2) 开发方案和采油方式

不同的开发方案和采油方式决定了地面工程系统组成不同；不同的井位部署、单井产能、井网间距、油水井比例决定了油气集输与注入系统的工作量不同；产能规模是确定处理与外输规模的重要基础。

3) 地表环境

油气田所在地地表环境对地面工程方案影响较大，有时还是决定因素；越是复杂、恶劣的环境影响越显著，特别是深海、山地、沙漠、高寒、热带雨林等。

4) 基础设施

项目所在地的油气设施建设程度、道路、通信、供配电系统的可依托程度，对总体方案、油气外输及系统工程建设工程量和投资影响较大。

5) 资源国因素

资源国主要设备材料的生产能力、物价水平、人力资源、施工能力、投融资政策、本地化（LC）要求等，对地面工程建设投资有较大影响。

6) 趋势因素

包括资源国未来工程市场的发展趋势，成本的变化趋势等。目前全球已开发的深水和超深水油田主要分布在西非、南美和墨西哥湾，海工建设模式相对成熟，该项目采用全海式的海工建设模式，每套系统一般包括水下管线、浮式生产系统（FPSO）、天然气外输管线，有的项目需要进行延长测试（EWT）。原油的外输采用穿梭油轮，伴生气一般在处理后采用回注、自用和外输的方式。

以巴西某深水项目的海工投资为例，采用主成分分析法研究影响地面工程投资的关键影响因素。如图 2-2-6 所示。其中，浮式生产系统和水下系统投资占海工总投资超过 85%，浮式生产系统投资占 35%～45%，水下系统投资占 40%～55%，外输系统占 0～5%，EWT 占 0～3%，其他投资占 0～2%。从各部分投资所占比例可知，在一个典型的深水项目中，对海工系统总投资影响最大的是浮式生产系统投资和水下系统投资两部分。

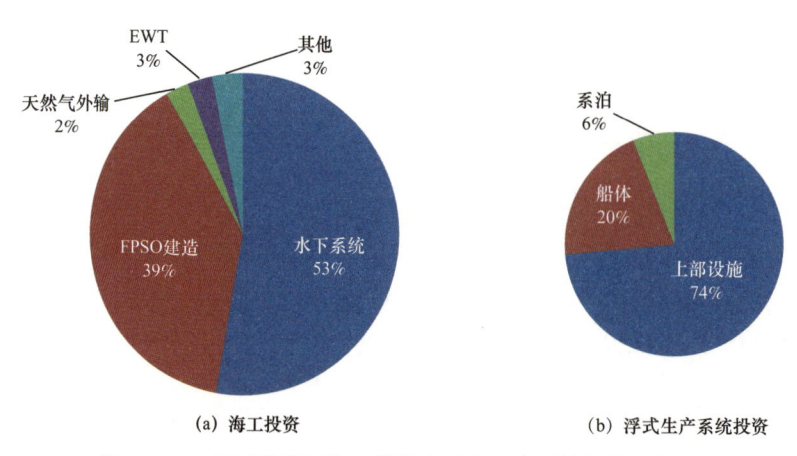

图 2-2-6 巴西某油田海工投资和浮式生产系统投资比例图

（1）影响浮式生产系统投资的关键因素。

浮式生产系统包括上部设施、船体和系泊三个部分。其中上部设施实现主要功能，是浮式生产系统的关键部分，其投资约为浮式生产系统总投资的3/4，其次为船体和系泊系统。

上部设施为新建，油、气、水的处理全部集中于浮式生产系统之上，主要处理工艺包括来液接收系统、海底设备维护系统、油气水三相分离、原油稳定系统、天然气压缩（脱水）、海水处理与回注、采出水处理与回注以及生活设施。脱气后的原油储存在浮式生产系统的储油仓中，定期通过穿梭油轮外输。

分解浮式生产系统上部处理设施投资：设备费和材料占比38%，组装费、安装费和调试费占26%，设计管理费、保险费和不可预见费占36%。影响设备费、材料费的主要因素是产能规模、油气水性质、注气规模、注水规模，影响组装费、安装费和调试费主要是水深和离岸距离。影响设计管理费、保险费和不可预见费是技术复杂性、工程市场发育程度等。综合比较，影响浮式生产系统上部处理设施投资的关键因素是产能规模、油气水性质、注气规模、注水规模。

分解浮式生产系统船体的投资：设备费和材料占比43%，组装费、安装费和调试费占30%，设计管理费、保险费和不可预见费占27%。影响浮式生产系统船体投资的关键因素是储油规模（油处理规模）、船体类型、水深和离岸距离。

影响浮式生产系统系泊投资的关键因素是船体质量、船体类型、水深和离岸距离。

（2）影响水下系统投资的关键因素。

完整的水下系统包括：井口、水下管线（生产管线、注入管线、气举管线）、脐带管、管汇、立管、管线终端、跳线、小型设施等。深海项目中所有的生产井、注气井和注水井均为水下完井，水下的生产井、气井、水井通过海底管线和立管与浮式生产系统连接，将产出液输送到浮式生产系统进行处理。

通过对水下生产系统投资分解可知：安装费占比38%，井口占9%，管线和立管占29%，管汇占14%，脐带管占4%，立管更换占6%。因此影响水下生产系统投资的关键因素是单井产量、水深、井数、集输长度、安装船租费、管线材质。

以上分析得知，影响深水海工投资有4个大类共12个关键因素。

（1）开发因素：产能规模、生产井井数、注气（水）井数、注气（水）规模、单井产量。

（2）工程因素：油气水性质、集输长度、管线材质、管汇数量、注水（气）距离、船体类型。

（3）地区因素：水深、离岸距离、安装租费。

（4）趋势因素：工程市场。

其中，核心关键因素为井数、油气处理规模、集输长度、管线材质及尺寸。

三、海外石油工程投资估算方法

海外油气项目的技术特点和数据资料基础情况千差万别，实际运行阶段不尽相同，投资估算精度的需求也不同,应根据具体项目的实际情况,优选适合的石油工程投资估算方法。

1. 钻完井工程投资估算方法概述

国内外现有钻完井工程投资估算方法包括指数函数投资估算方法、米进尺综合指标法、幂指数投资估算方法等单因素投资估算方法,以及双因素估算法、三因素估算法等,其中三因素模型法适用于海上油气项目,尤其对深水油气项目准确性更高。

1)单因素投资估算方法

(1)指数函数投资估算方法。

井深单因素模型(Fisher,1964)如下:

$$Y=k(e^{ax}-1) \quad (2-2-1)$$

式中　Y——钻完井投资;

　　　x——井深;

　　　k,α——待估系数。

该模型研究的是技术创新对钻井成本的影响。Fisher认为钻井成本在总体上是随着技术的发展而不断降低的,即认为钻井成本的降低是同技术进步相关的。

(2)幂指数投资估算方法。

钻速单因素模型(韩来聚等,1995)如下:

$$C=av^b \quad (2-2-2)$$

式中　C——钻完井投资;

　　　v——钻机月速度;

　　　a,b——待回归系数。

韩来聚等在1995年利用统计数据探讨了钻井成本的模型,认为钻井成本与钻机月速度(钻井进尺/钻井周期)成幂指数关系,并且通过数据分析构建了钻井成本与钻机月速度的幂律模型。该模型把井深分为3个深度区间进行回归分析,每个深度区间的钻井成本预测模型是不同的。通过验证,该预测方程的误差基本上小于±18%。

2)井深、钻速双因素估算方法

双因素估算模型如下:

$$Y=A+B_1X_1+B_2X_2 \quad (2-2-3)$$

式中　Y——单位进尺钻完井投资,元/m;

　　　X_1——钻井进尺,m;

　　　X_2——钻机月速度,m/mon;

　　　A,B_1,B_2——回归系数。

高燕云等于1996年也探讨了钻井成本预测模型,建立了二元回归预测模型,研究钻井进尺成本与累计进尺和钻机月速度之间的关系。

3）井深、水深、周期三因素估算方法

海上油田钻井费用，除了受井深条件制约外，还受水深的影响。水深越深，费用越高；同时，作业周期即钻井完井作业天数，也会影响到钻井费用。在日综合费用一定的情况下，时间越长，费用越大。考虑到井越深，作业时间越多，反之则少，井深与作业天数有某种程度的对应关系，因此，作业时间暂视为不独立，而是与井深相关，在三个因素中将其去掉。这样，就剩下井深和水深两个内生变量。经分析，井深与水深对钻井投资的影响呈线性关系，所以建立二元线性计算模型：

$$Y = A + B_1 X_1 + B_2 X_2 \tag{2-2-4}$$

式中　Y——单井费用；

　　　X_1——井深；

　　　X_2——水深；

　　　A，B_1，B_2——回归系数。

利用最小二乘法对实际数据进行回归计算，通过比较，发现回归方程与实际误差较大。因此忽略作业周期是不合适的。所以必须建立井深、水深、作业周期三因素线性计算模型：

$$Y = A + B_1 X_1 + B_2 X_2 + B_3 X_3 \tag{2-2-5}$$

式中　Y——单井费用；

　　　X_1——井深；

　　　X_2——水深；

　　　X_3——作业周期；

　　　A，B_1，B_2，B_3——回归系数。

利用最小二乘法进行计算检验，发现用三因素估算法得到钻完井投资其综合相关程度较高，足以代表主要因素。忽略作业周期会严重影响海上尤其是深水、超深水钻完井投资的准确性。

2. 海外钻完井工程投资估算方法

海外石油工程项目有别于国内油田，经常受到项目所处阶段及资料限制导致的信息不对称影响。因此在项目资料基础薄弱、对项目相关信息了解有限时，可按照以井为单元进行投资估算，即为单井估算方法；对于项目资料相对完善、钻井信息掌握较为全面时，可对单井投资进行划分，按照钻井工序细分为几个单元，对每个单元优选投资估算方法。对于不同的项目阶段和类型，要优选适当的投资估算方法，才能使得项目投资估算精度更高，其估算结果也就更可靠。

1）单井指标估算法

根据钻井单元划分情况，在资料基础较差时，可以单井作为整体单元进行投资估算，以满足项目评价需要，待资料程度更好时再进行详细估算。单井投资估算法也可称为单井指标估算法，即不细分投资单元，主要适用于钻井资料较少或无法将钻完井投资按照投资单元进行细分的项目。具体包括综合米进尺法、综合日费法。

（1）综合米进尺法：

$$单井投资 = 综合米进尺投资 \times 总进尺$$

（2）综合日费法：

$$单井投资 = 综合日费 \times 钻完井总周期$$

2）划分工序投资估算法

对于不同的钻井单元其作业内容和投资构成不同，可按照其不同的作业内容以及评估时掌握的资料信息，分别采用相配套的投资估算方法。按照本章第二节中划分四部分工序分别确定投资估算方法。具体工程作业内容和配套的估算方法如下。

（1）钻前工程。

钻前工程作业内容主要包括：钻机动员、搬家及井位搬迁，井场建设、设备及材料准备、钻机及配套钻井液、服务工程设备等专业设备安装等前期准备工作。海上则还包括钻井平台干拖、定位等。

钻前工程投资估算方法为：

$$钻前工程单项叠加法：钻前投资 = 单项1 + 单项2 + \cdots + 单项N$$

（2）钻井工程。

钻井工程是整个钻完井工程最核心部分，是钻井进尺到井底直接工序，包含表层套管、导管及隔水管等、技术套管、水平井、定向井等钻井、固井作业，以及相关的起下钻、停待、测井、录井、钻井液、钻头服务等一系列钻井、进尺及停待工序。钻井工程投资估算方法如下。

① 钻井工程米进尺法：钻井投资 = 钻井米进尺投资 × 进尺。

② 钻井工程综合钻井日费法：钻井投资 = 钻井日费 × 钻井周期。

③ 钻前工程单项叠加法：钻井投资 = 单项1 + 单项2 + ⋯ + 单项N。

（3）完井工程。

完井工程是钻井之后直至井的完成的所有作业内容，包括生产井段固井、试油、射孔、压裂等措施，以及下油管和安装井口等作业。水平井、定向井等完井措施还受到其要求的完井等级所采用的特殊完井管柱的下入和测试等工艺影响。完井工程投资估算方法如下。

① 完井日费法：完井投资 = 完井日费 × 完井周期。

② 完井单项叠加法：完井投资 = 单项1 + 单项2 + ⋯ + 单项N。

（4）钻后。

钻后即为一口井钻完井所有工程结束以后的作业内容，主要包括钻机复员、防喷器安装、井口及井场交接，海上钻井还包括平台及水下配套设备的起吊等收尾工作，以及其他后期工作。钻后投资估算方法如下。

钻后单项叠加：钻后投资 = 单项1 + 单项2 + ⋯ + 单项N。

3）综合钻完井投资估算法

在实际工程中，因为项目类型、所处国家和地区等具体条件限制，上述方法单独应用很可能受到许多条件限制，应按照具体情况分析之后，单独或组合应用，才能使得项目评估优选出与其最适合的投资估算方法。具体实施可按照井投资参数特点及资料基础，相互结合地使用以上单元划分和单井估算方法。

（1）单因素估算法。

单因素估算法是最常见的钻井投资估算方法，其特征为井深、周期、进尺三者其中任意一种，求得这一因素相配套的其他投资指标，就可对钻完井投资进行估算。单因素钻完井投资估算法包括以下3种。

① 米进尺估算法：钻完井投资 = 单位米进尺投资 × 进尺 + 其他投资。
② 井深估算方法：钻完井投资 = 单位井深投资 × 井深 + 其他投资。
③ 周期估算方法：钻完井投资 = 钻完井投资 × 日费 + 其他投资。

（2）双因素估算方法。

双因素钻完井投资方法指的是井深和周期两个因素或进尺和周期两个因素计算钻完井投资的方法。针对海上项目，在无法获得具体井位水深时，主要使用井深和周期两因素计算投资。井深、周期双因素钻完井投资方法为：

钻完井投资 = 单位井深投资 × 井深 + 钻完井投资 × 日费 + 其他投资

（3）三因素估算方法。

三因素钻完井投资方法指的是水深、井深与周期作为关键因素的投资估算方法，三因素模型是海上钻完井投资估算模型最准确的方法，涵盖了水深这一对海上钻井投资最关键的影响因素。水深、井深、周期投资估算方法为：

钻完井投资 = 单位水深投资 × 水深 + 单位井深投资 × 井深 + 钻完井投资 × 日费 + 其他投资

3. 地面工程投资估算方法概述

国内外现有地面或海工工程投资估算方法，包括综合指标估算法、单项指标估算法、生产能力指数法、系数连乘法、比例估算法等。

1）综合指标估算法

综合指标估算法利用已完成产能建设项目的单位产能建设投资，对拟开发项目进行投资估算。经常使用的有百万吨产能建设投资和单桶累产投资等。适用于拟开发项目资料掌握少，开发专业仅有产量剖面没有具体方案的阶段。此法计算简便但精度较低，需要使用者有丰富的经验，把握项目特点，确保具有可比性，必要时选取差异系数调整，适用于投资校核和比较。公式为：

$$Y = XY_0 f \qquad (2-2-6)$$

式中 Y——拟开发油气田地面工程投资；

Y_0——类似已建项目产能建设投资指标或单桶累计产量投资指标；

X——拟开发油气田产能规模或合同期累计产量；

f——综合调整系数。

2）单项指标估算法

利用已实施工程的各类投资指标，估算拟建项目的单项工程投资。经常使用的单项指标有：管线单位投资指标、单井配套投资指标、井场投资指标、海上平台投资指标、单井水下配套指标、发电站单位投资指标。该法适用范围较广，需要对历史指标归纳整理，适用于能够进行方案设计和工作量统计的情形，使用的关键是确保工艺类似、可比。公式为：

$$Y = XY_0 \tag{2-2-7}$$

式中　Y——拟建单项工程投资；

　　　Y_0——单项工程投资指标；

　　　X——拟建单项工程工程量或规模。

3）生产能力指数法

根据已建工艺类似项目的投资指标，对能力或规模不同的拟建项目进行投资估算。适用于生产能力确定、具有复杂工艺难以列出详细工程量的单项工程，需要已建类似工艺项目的投资指标为基础。公式为：

$$Y_2 = Y_1 (X_2/X_1)^n f \tag{2-2-8}$$

式中　Y_2——拟建项目投资；

　　　Y_1——已建类似项目投资；

　　　X_2——拟建项目生产能力；

　　　X_1——已建类似项目生产能力；

　　　n——生产能力指数；

　　　f——新老项目建设间隔期内的综合调整系数。

4）系数连乘法

选用设备到达工程现场的费用作为基础数据，推算出设备安装费、管道工程费、电气工程费、建筑工程费和其他费用，构成工程建设总投资。该方法需要主要设备的型号、材质和价格。适用于以设备为主的场站类投资的估算，比较适宜新建工程，对改建和扩建工程的准确率较低。不适用于管线类投资的估算。公式为：

$$H = A k_1 k_2 k_3 k_4 k_5 k_6 k_7 \tag{2-2-9}$$

式中　H——拟建项目的投资额；

　　　A——设备现场交货价，是设备原价和运杂费之和；

　　　$k_1, \cdots, k_5$——分别是设备安装、管道工程、电气工程、仪表工程、建筑工程的费率系数，包括主要材料费和定额直接费；

　　　k_6——工程建设费率系数，包括其他直接费、临时设施费、现场费、间接费以及计划利润；

　　　k_7——总建设费率系数，包括服务性工程费、生活福利工程费、业主发生的工程建设其他费用、设计单位发生的费用及不可预见费。

5）比例估算法

以拟建项目或装置的设备费为基数，根据已建成的同类项目或装置的建设安装费和其他工程费用等所占设备价值的百分比，求出相应的建筑安装费及其他工程费用等，再加上拟建项目的其他有关费用，其总和即为项目的投资。适用于具有详细地面工程方案，拥有主要设备清单和设备费用，详细的已建成项目的分项投资的情形。

模型公式：

$$C=E\times(1+f_1\times p_1+f_2\times p_2+f_3\times p_3+\cdots)+I \qquad (2-2-10)$$

式中 C——拟建项目的投资额；

E——设备费用，根据拟建项目的设备清单按当时当地价格计算的设备费（包括运费、进口税费等）的总和；

p_1，p_2，$p_3\cdots$——已建项目中建筑、安装及其他工程费用等占设备费百分比；

f_1，f_2，$f_3\cdots$——由于时间因素引起的价格、费用标准等变化的综合调整系数；

I——工程项目其他费用。

4. 海外地面工程投资估算方法

海外油气项目的研究，多处于项目的投资机会研究或项目建议书阶段，研究的资料基础有限，开发方案和地面工程方案不详细，投资估算精度要求不高。地面工程投资可按照规模估算法计算地面工程的整体投资，也可以使用单项叠加法，分别计算集输系统投资、处理系统投资、外输系统投资和其他投资，再累加得出地面工程的整体投资。

1）规模估算法

规模估算法即不划分投资单元，利用类似项目的单位规模投资指标，计算地面工程整体投资的方法。规模估算法简单快速但估算精度相对较低，可用于项目初期方案快速筛选阶段的投资估算，也可用于地面工程投资的校核。经常使用百万吨产能建设投资指标和单桶投资指标进行估算。

地面工程总投资 = 单位产能投资 × 总产能 × 调整系数

地面工程总投资 = 单桶投资 × 总产量 × 调整系数

2）集输系统投资估算

集输系统指从井口到处理系统的所有地面设施，包括油气集输管线、注水注气管线、井场、计量站、集油集气站、增压站、井口平台、水下管汇等。根据项目阶段不同和资料掌握程度不同，集输系统投资可采用综合指标估算法和单相指标估算法进行估算。

（1）综合指标估算法。

集输系统投资 = 井数 × 单井配套投资指标

综合指标估算法中单井配套投资指标是指衡量项目集输系统投资的一个综合性指标，将集输系统投资用井数来体现。单井配套投资指标与井数、回接距离、输送方式、管材、安装方式等因素均相关，反映了某一特定区域地面集输系统的特点。对于某一特定区域，原油性质和开发方式类似，可采用单井配套指标的方法简单计算集输系统的整体投资。

（2）单项指标估算法。

单项指标估算法即工作量法，是将地面集输系统分为井口投资、集输管线投资和小型设备投资三个部分，根据每个部分具体工作量进行投资估算，再进行累加。

集输系统投资 = 井口投资 + 集输管线投资 + 小型设备投资

其中：

井口投资 = 井数 × 井口配套指标

集输管线投资 = 管线长度 × 管线投资指标

小型设备投资 = 设备数量 × 设备投资指标

井口配套指标、管线投资指标和设备投资指标指单个井口、单千米管线和单个设备的投资，包括设备费、运输安装费、保险费等，也是一种综合性投资指标。

3）处理系统投资估算

处理系统包括中心处理站、天然气处理厂、中心处理平台、FPSO、污水处理站等进行油气水处理的设施，根据项目阶段不同和资料掌握程度不同，可采用综合指标估算法和生产能力指数法进行投资估算。

（1）综合指标估算法。

利用已知的类似处理站单位投资指标，快速估算类似区域类似项目的处理系统投资，用于方案筛选阶段的投资估算。

处理系统投资 = 处理站投资指标 × 处理站规模 × 调整系数

（2）生产能力指数法。

处理系统投资 = 处理站1投资 × (处理站2能力/处理站1能力)^n

根据已建的处理系统投资，对相同或相似处理工艺的项目进行投资估算。对于处理场站、固定处理平台、FPSO 等，n 取值一般为 0.6~0.7。

4）外输系统投资估算

外输系统包括原油外输管线、天然气外输管线、天然气凝液管线等，对于处于项目的投资机会研究或项目建议书阶段的长输管线建设投资，可采用综合指标估算法。

外输管线投资 = 管线长度 × 管线单位投资指标

5）其他投资

其他投资包括环评费、设计费、管理费、不可预见费等，一般是以总投资的费率进行估算。不同类型项目的费率不同，同样的项目在不同国家和不同阶段的费率也不相同。一般地面工程项目环评费率取值为地面工程总投资的 0.5%~1%，设计费率取值为地面工程总投资的5%~7%，工程管理费率取值为地面工程总投资的2%~5%；对于设计工艺复杂、自然环境恶劣、投资环境严苛的项目，以上费率的取值可以略高。

其他投资 = 环评投资 + 设计费 + 管理费及其他 + 不可预见费

四、海外石油工程投资估算指标

1. 钻完井工程投资估算指标

对应钻完井工程投资估算方法，需要配套钻完井投资指标。钻完井工程投资指标既包括以井为单位的单井投资指标，也包括细分的米进尺类、日费类、单项工程类、技术参数类和取费比例类指标。具体各类指标包括的内容见表2-2-3。

表2-2-3 钻完井工程投资指标分类

指标分类	投资指标
单井指标	单井钻完井投资指标
米进尺类	钻井米进尺投资、综合进尺投资
日费类	钻前日费、钻井日费、完井日费、钻后日费、综合日费
单项工程类	服务、措施、设备、处理、材料、保障、人工、配套、环保等具体服务或材料指标
技术参数类	周期、进尺、单项作业工作量等与技术相关的指标
取费比例类	NPT比例、设计费率、管理费率、不可预见等

2. 地面工程投资估算指标

对应地面工程投资估算方法，海洋工程投资估算指标可细分为三个层级。其中第一层级为规模性指标，主要为项目单桶投资指标、项目单位产能投资指标，用于估算工程整体投资。第二层级为综合指标，如单井配套指标、FPSO投资指标、管线单位投资指标，用于估算单项工程投资。第三层级为单项指标，如井口投资、管汇投资、管线投资、FPSO上部系统投资指标等，用于估算单位工程投资。具体见表2-2-4。

表2-2-4 不同工程投资估算方法对应指标表

层级	投资估算方法	项目内容	投资指标
第一层级	规模估算法	项目	项目单桶投资指标、项目单位产能投资指标
第二层级	综合指标估算法	集输系统	单井配套指标（含井口、集输管线、立管、管件）
		处理系统	FPSO投资指标，平台投资指标，处理场站投资指标
		外输系统	管线单位投资指标

续表

层级	投资估算方法	项目内容	投资指标
第三层级	单项指标估算法	集输系统投资	井口投资
		集输管道投资	管线单位投资指标（生产管线、服务管线、注水管线、注气管线、脐带管）
		小型设备投资	管汇、ILT、跳线、水下切断阀、固定基座等投资指标
		处理系统	FPSO 上部系统投资指标、FPSO 船体、FPSO 系泊投资指标
		外输系统	天然气外输管线、原油外输管线单位投资
		其他投资	前期费用、FEED 工程设计费、甲方管理费、HSE 及安保费、不可预见费等

第三节　海外石油工程投资估算模型

对应不同的投资估算方法，配套投资估算指标，建立海外石油工程投资估算模型。投资估算模型可应用于不同国家、不同地理环境等多种场景，可用于项目投资机会研究、方案筛选、可行性研究。模型具有自我完善功能，获得更多实际投资数据后，模型参数可以不断更新。

一、钻完井投资估算模型

钻完井投资模型是投资估算方法实际应用的具体实现。投资估算模型的建立包括投资指标确定、模型回归、系数确定等要素。

1. 单因素钻完井投资估算模型

单因素模型是最常见的钻井投资估算模型，其特征为井深、周期、进尺三者其中任意一种，求得这一因素相配套的其他投资指标，就可对钻完井投资进行估算。对于海上油气项目，单因素模型中钻井日费估算投资模型较为实用；对于陆上项目，米进尺投资模型则最为实用。单因素估算模型中最常见的为线性模型。

（1）米进尺投资模型公式：

$$Y = K_1 X_1 + C_1 \tag{2-3-1}$$

式中　Y——钻井投资；

　　　X_1——进尺；

　　　K_1——米进尺投资；

　　　C_1——其他投资。

（2）井深投资模型公式：

$$Y = K_2 X_2 + C_2 \quad (2-3-2)$$

式中　Y——钻井投资；

　　　X_2——井深；

　　　K_2——单位井深投资；

　　　C_2——其他投资。

（3）日费投资模型公式：

$$Y = K_3 X_3 + C_3 \quad (2-3-3)$$

式中　Y——钻井投资；

　　　X_3——周期；

　　　K_3——日费投资；

　　　C_3——其他投资。

2. 双因素钻完井投资估算模型

双因素钻完井投资模型指的是井深、周期投资估算模型或者进尺、周期投资估算模型。若海上油田项目无法获得具体井位水深时，主要应用井深、周期投资估算模型。

井深、周期投资模型公式：

$$Y = K_1 X_1 + K_2 X_2 + C_4 \quad (2-3-4)$$

式中　Y——钻井投资；

　　　X_1——进尺；

　　　K_1——米进尺投资；

　　　X_2——井深；

　　　K_2——单位井深投资；

　　　C_4——其他投资。

3. 三因素钻完井投资估算模型

三因素钻完井投资模型指的是水深、井深与周期模型，三因素模型是海上钻完井投资估算模型最准确的形式，对于深水和超深水区块，三因素估算模型精度更高，更能准确反映水深增加对投资的影响。

模型公式：

$$Y = K_1 X_1 + K_2 X_2 + K_3 X_3 + C_5 \quad (2-3-5)$$

式中　Y——钻井投资；

　　　X_1——水深；

　　　K_1——单位水深投资；

　　　X_2——井深；

　　　K_2——单位井深投资；

　　　X_3——周期；

K_3——日费投资；

C_5——其他投资。

各投资模型含义及数学表达公式见表2-3-1。

表2-3-1　钻完井投资估算模型

投资估算方法		模型概述	计算公式	说明
单因素法	米进尺模型	钻完井投资=单位米进尺投资×进尺+其他投资	$Y=K_1X_1+C_1$	Y为钻井投资，X_1为进尺，K_1为米进尺投资，C_1为其他投资
	井深模型	钻完井投资=单位井深投资×井深+其他投资	$Y=K_2X_2+C_2$	Y为钻井投资，X_2为井深，K_2为单位井深投资，C_2为其他投资
	周期模型	钻完井投资=钻完井投资×日费+其他投资	$Y=K_3X_3+C_3$	Y为钻井投资，X_3为周期，K_3为日费投资，C_3为其他投资
双因素法	井深、周期模型	钻完井投资=单位井深投资×井深+周期×日费+其他投资	$Y=K_1X_1+K_2X_2+C_4$	Y为钻井投资，X_1为进尺，K_1为米进尺投资，X_2为井深，K_2为单位井深投资，C_4为其他投资
三因素法	水深、井深和周期模型	钻完井投资=单位水深投资×水深+单位井深投资×井深+周期×日费+其他投资	$Y=K_1X_1+K_2X_2+K_3X_3+C_5$	Y为钻井投资，X_1为水深，K_1为单位水深对应投资，X_2为井深，K_2为单位井深投资，X_3为周期，K_3为日费投资，C_5为其他投资

4. 估算模型在南大西洋两岸国家应用

南大西洋两岸国家海上油气项目的水深范围从几十米到近4000m，由于石油工程技术装备作业能力有各自的适用水深，故需要将具体项目按照水深进行分类。本文的水深划分与巴西石油大会的水深界定略有不同：2002年巴西石油大会将400m以下定义为浅水，400~1500m为深水，1500m以上定义为超深水。随着近年来海上油气项目的陆续发现和石油工程设备的发展更新，深水和超深水的作业能力也有了长足的进步。因此需要根据工程实际对水深进行细分，并结合石油工程设备作业能力建立投资估算模型。具体水深划分标准见表2-3-2。

在对水深进行划分的基础上，分别针对不同水深和使用的钻井装备，选择适应的投资估算方法，建立投资估算模型。

1）浅水钻完井投资估算模型

浅水钻井投资模型主要包括固定平台上安装模块钻机或者配套辅助钻井船模型、Jack-up钻井平台模式两种。

（1）固定平台+模块钻机浅水投资模型。

浅水钻完井作业模式为固定平台配套模块钻机的项目，其钻井实行大包制即进尺制，因此钻井投资与进尺密切相关。进尺模型回归系数更高，拟合更好，优选进尺投资模型，如图2-3-1所示。

表 2-3-2 水深划分界定

工程作业能力水深 /m	类型	主流作业设备
0~200	浅水	固定平台 + 模块钻机 固定平台 + 辅助钻井船 自升式钻井平台 浅水铺管船、辅助船
200~1500	中深水	浮式钻机（第 4 代及以下）、深水铺管船
1500~2500	深水	浮式钻机（第 5 代及以下）、深水铺管船
≥2500	超深水	浮式钻机（第 6 代）、超深水铺管船
≥3500	极限深水	浮式钻机（第 6 代升级）

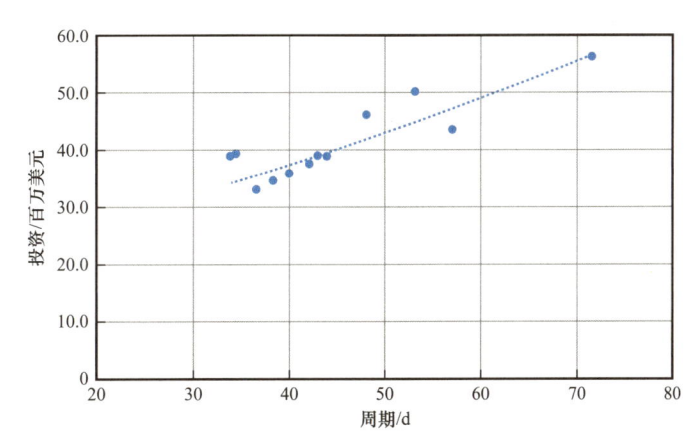

图 2-3-1 西非浅水固定平台模块钻机开发井进尺投资模型实例

模型公式：

$$Y = 0.0177X + 19.54 \quad (2\text{-}3\text{-}6)$$

适用区块：西非小于 200m 水深区块，在已有固定平台带模块钻井，或新建固定平台使用模块钻机的项目。

（2）Jack-up 钻井平台浅水投资模型。

浅水项目也可使用 Jack-up 钻井平台钻井。浅水 Jack-up 钻井平台采用日费制，因此钻井投资与周期密切相关，优选周期投资模型，如图 2-3-2 所示。

模型公式：

$$Y = 0.0218X + 4.6434 \quad (2\text{-}3\text{-}7)$$

模型适用区块：西非浅水区新开发油田，或已有生产平台加密钻井项目。

2）深水钻完井投资估算模型

水深 200~1500m 的深水区块，钻井多采用浮式钻机，采用日费制承包模式，多适用于周期投资模型，如图 2-3-3 所示。

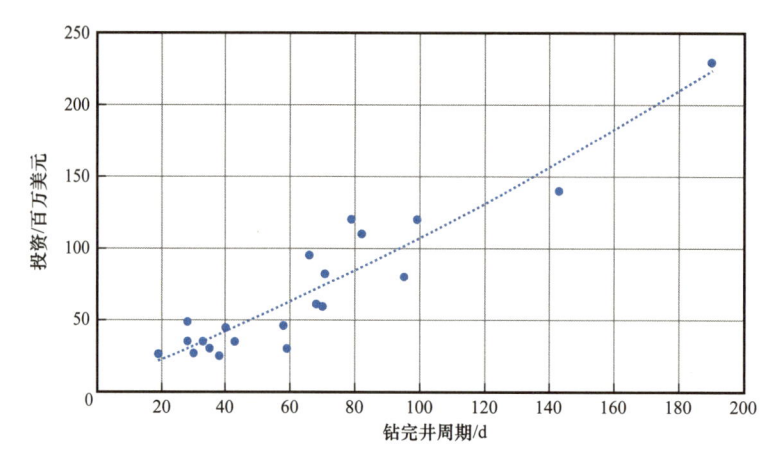

图 2-3-2 Jack-up 钻井平台周期开发井投资模型实例

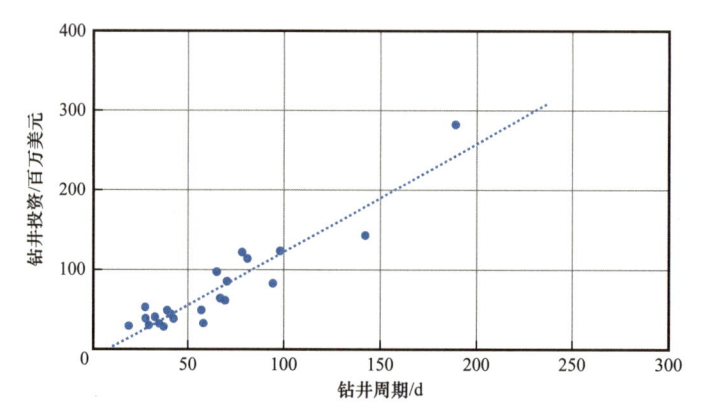

图 2-3-3 下刚果盆地深水探井和评价井投资模型实例

模型公式：

$$Y = 1.0508X + 7.8179 \quad (2\text{-}3\text{-}8)$$

模型适用区块：下刚果盆地水深 200~1500m 区块探井和评价井投资估算。

3）超深水钻完井投资估算模型

超深水即水深大于 1500m 的区块，钻井实行日费制合同模式，钻井投资与浮式钻机周期密切相关。通过因素主导性分析投资与井深、投资与周期双因素相关性。

从下刚果盆地超深水井深、周期双因素模型相关性分析效果上看，钻完井投资与周期匹配程度更好，井深可作为辅助因素，据此可以得到钻井投资模型，如图 2-3-4 所示。

（1）西非下刚果盆地超深水周期投资模型。

模型公式：

$$Y = 1.2338X + 5.714 \quad (2\text{-}3\text{-}9)$$

下刚果盆地超深水周期投资模型适用项目：下刚果盆地水深 1500m 以上区块。

（2）巴西桑托斯盆地、坎波斯盆地超深水投资模型。

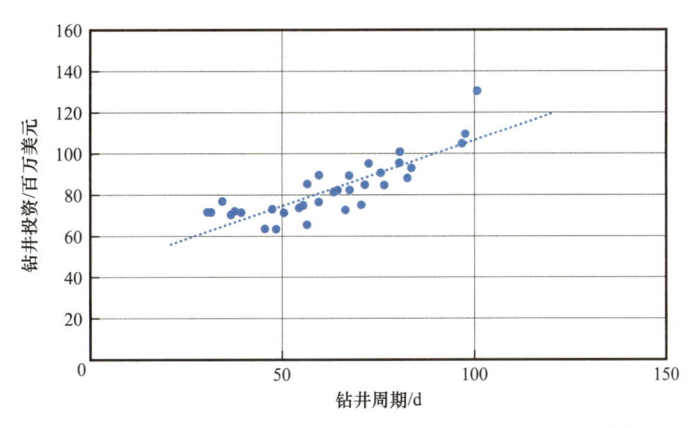

图 2-3-4　下刚果盆地超深水周期开发井投资模型实例

按照上文中提到的超深水投资模型论证方法，根据巴西各区块油田钻井数据回归，得到适用于巴西桑托斯盆地的超深水周期投资模型，如图 2-3-5 所示。

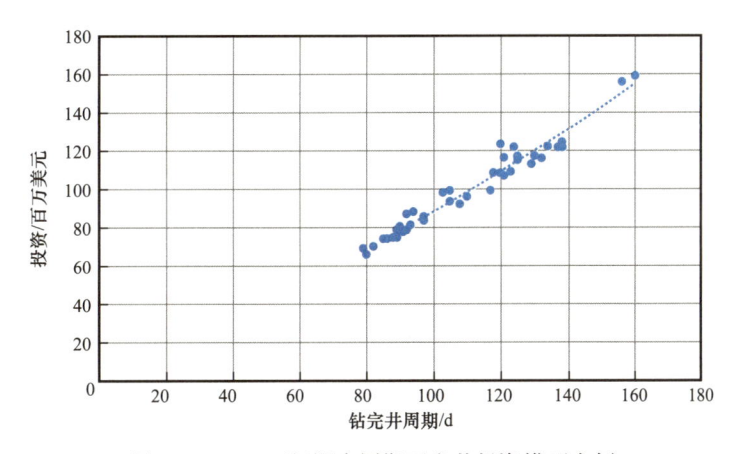

图 2-3-5　巴西超深水周期开发井投资模型实例

模型公式：

$$Y = 1.3535X + 5.5226 \qquad (2\text{-}3\text{-}10)$$

巴西超深水周期投资模型适用项目：巴西桑托斯、坎波斯盆地水深 1500m 以上区块。

二、地面工程投资估算模型

对应不同的地面工程投资估算方法，考虑工程设备的作业能力，结合投资估算指标，可建立多个地面工程投资估算模型。在计算地面工程投资时，可根据资料掌握程度和估算要求的不同，采用规模投资模型计算海工的整体投资，也可以分别计算集输系统投资、处理系统投资、外输系统投资和其他投资后，再进行累加。计算分项投资时，根据不同分项的要求，使用不同估算方法对应的投资估算模型，见表 2-3-3。

表 2-3-3　地面工程投资模型

投资单元	投资估算方法	投资估算模型	
整体投资	规模估算法	海工投资 = 单位产能投资 × 总产能（总产量）× 调整系数	
集输系统	综合指标估算法	集输系统投资 = 井数 × 单井配套投资指标 （含井口、集输管线、立管、管件）	
集输系统	单相指标估算法	集输投资 = 井口投资 + 集输管线投资 + 小型设备投资	
		井口投资	井口投资 = 井数 × 单井配套指标
		集输管线投资	集输管线投资 = 管线长度 × 管线投资指标
		小型设备投资	小型设备投资 = 设备数量 × 设备投资指标
处理系统	综合指标估算法	处理系统投资 = 处理站投资指标 × 处理站规模 × 调整系数	
	生产能力指数法	处理系统投资 = 处理站1投资 ×（处理站2能力 / 处理站1能力）^{n}	
外输系统	综合指标估算法	外输管线投资 = 管线长度 × 管线投资指标	
其他	综合指标估算法	其他投资 = 环评投资 + FEED投资 + 管理费及其他	

1. 规模估算法模型

（1）单桶投资模型公式：

$$Y = X \times Y_0 \times f \tag{2-3-11}$$

式中　Y——地面工程投资；

　　　X——总产量；

　　　Y_0——单桶投资指标；

　　　f——调整系数。

单桶投资是指一个项目平均单桶原油的建设投资，单桶投资指标等于生命期总投资除以生命期总产量。单桶投资指标与项目储量、产量、工作量、成本均相关。

（2）单位产能建设投资模型公式：

$$Y = X \times Y_0 \times f \tag{2-3-12}$$

式中　Y——地面工程投资；

　　　X——建设产能；

　　　Y_0——单位产能投资指标；

　　　f——调整系数。

单位产能建设投资是指一个项目地面工程单位产能的建设投资，单位产能建设投资指标等于生命期地面工程投资除以产能规模。单位产能建设投资指标与项目高峰期产量、工作量、建设成本相关。

例如,在巴西深水项目中,水深在1000~2000m之间,海洋工程百万吨产能建设投资(4~6)亿美元之间。安哥拉下刚果盆地深水项目中,由于水下管线的回接距离长,FPSO链接井数多,百万吨产能建设投资(8~11)亿美元。

2. 集输系统投资模型

(1) 集输系统模型公式:

$$Y = A_1 \times X_1 + A_2 \times X_2 + A_3 \times X_3 \qquad (2-3-13)$$

式中 Y——集输系统投资;

A_1, A_2, A_3——分别为生产井数、注水井数、注气井数;

X_1, X_2, X_3——分别为生产井、注水井、注气井的单井配套投资指标。

以深水项目为例,水下集输系统投资包括井口、跳线、管汇、生产管线、注水注气管线、立管、脐带管、管线终端、水下小型设备等的设备费、材料费、安装费及保险运输费用。总井数包括生产井、注水井、注气井等。单井配套投资指标即将集输系统所有投资平均到单井的投资,与井数、回接距离、集输方式、立管形式、管材、保温方式、安装方式等因素相关。

例如,安哥拉深水项目的油品较稳定,基本不含酸,管材变化不大。单井配套与水深关系呈现较好的函数关系,1000~1500m 水深单井配套约110百万美元,1500m 以上超深水单井配套(120~130)百万美元。巴西深水项目油品不稳定,含酸量不同,管材选择不同,导致投资不同,1800~2300m 水深不含酸油品单井配套(80~95)百万美元,含酸油品单井配套(100~110)百万美元。

(2) 井口投资模型公式:

$$Y = A_1 \times W_1 + A_2 \times W_2 + A_3 \times W_3 \qquad (2-3-14)$$

式中 Y——井口投资;

A_1, A_2, A_3——分别为生产井数、注水井数、注气井数;

W_1, W_2, W_3——分别为生产井、注水井、注气井的井口配套投资,包括采油树(采气树)和连接管线的设备费、材料费、安装费及保险运输费用。

(3) 集输管线投资模型公式:

$$Y = B_1 \times P_1 + B_2 \times P_2 + \cdots + B_n \times P_n \qquad (2-3-15)$$

式中 Y——集输管线投资;

$B_1, \cdots, B_n$——各种管线的长度;

$P_1, \cdots, P_n$——各种管线的单位投资指标,包括各种管线的材料费、安装费及保险运输费用。

（4）小型设备投资模型公式：

$$Y = C_1 \times E_1 + C_2 \times E_2 + \cdots + C_n \times E_n \tag{2-3-16}$$

式中　Y——小型设备投资；

　　　C_1，$\cdots$，C_n——各种设备的数量；

　　　E_1，$\cdots$，E_n——各种小型设备的单位投资指标，包括各种阀门、管件、管汇、水下基础等设备费、材料费、安装费及保险运输费用。

3. 处理系统投资模型

（1）综合指标投资模型：

$$Y = X \times Y_0 \times f \tag{2-3-17}$$

式中　Y——新建处理站投资；

　　　X——新建处理站的设计处理规模；

　　　Y_0——已建处理站的单位投资指标；

　　　f——综合调整系数。

（2）生产能力指数投资模型：

$$Y = \sum D_1 \times (Q_2/Q_1)^n \times f \tag{2-3-18}$$

式中　Y——新建处理站投资；

　　　D_1——邻近区域已建类似工艺处理站的投资；

　　　Q_2——新建处理站的生产能力；

　　　Q_1——已建处理站的生产能力；

　　　n——生产能力指数，通常取 0.6~0.7；

　　　f——综合调整系数。

（3）FPSO双因素投资模型。

通过对安哥拉、巴西等深水项目FPSO建设投资的研究，认为FPSO的建设投资与FPSO油处理能力、气处理能力密切相关，在项目前期的投资机会研究和方案筛选阶段，可以简化为双因素模型，通过回归可得到以下公式：

$$y = 5.1473x_1 + 22.0425x_2 + 919.5341 \tag{2-3-19}$$

式中　y——FPSO总投资，百万美元；

　　　x_1——油处理能力，10^3bbl/d；

　　　x_2——气处理能力，10^6ft^3/d。

（4）浅水导管架平台投资模型。

通过对尼日利亚浅水固定导管架平台投资的研究，不同类型和功能的平台关键影响因素不同，生产平台和转油站平台与油处理能力、气处理能力密切相关，井口平台与油处理能力相关。在项目前期的投资机会研究和方案筛选阶段，可以简化为以下公式，见表2-3-4。

表 2-3-4　导管架平台投资模型

平台类型	模型描述	模型公式
生产平台	双因素模型	$Y=1.9051X_1+1.1887X_2+217.5726$
		X_1 为油处理（10^3bbl/d），X_2 为气处理（10^6ft^3/d），Y 为平台投资（百万美元）
转油站平台	双因素模型	$Y=2.2789X_1+0.0744X_2+67.2195$
		X_1 为油处理（10^3bbl/d），X_2 为气处理（10^6ft^3/d），Y 为平台投资（百万美元）
井口平台	单因素模型	$Y=0.8305X_1+41.3598$
		X_1 为油处理（10^3bbl/d），Y 为平台投资（百万美元）

（5）浅水导管架投资模型公式：

$$Y=0.0044X_1+13.15 \tag{2-3-20}$$

式中　X_1——平台质量，t；

　　　Y——导管架投资，百万美元。

估算模型实例如图 2-3-6 所示。

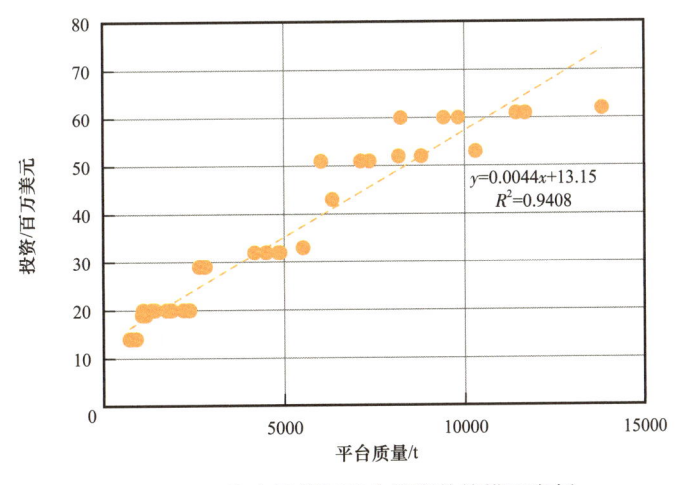

图 2-3-6　浅水导管架平台投资估算模型实例

4. 外输系统投资模型

（1）外输系统模型公式：

$$Y=L_1\times P_1+L_2\times P_2+\cdots+L_n\times P_n \tag{2-3-21}$$

式中　Y——外输管线投资；

　　　$L_1,\cdots,L_n$——各种外输管线的长度；

　　　$P_1,\cdots,P_n$——各种外输管线的单位投资指标，包括各种管线的材料费、安装费及保险运输费用。

（2）深水水下管线模型。

通过对安哥拉、巴西等深水项目管线投资的研究，深水水下管线投资与管线管径、铺设水深、管线长度三个因素密切相关，通过回归可得到以下公式：

$$Y=(73.9262X_1+0.6155X_2-512.8573)\times X_3 \quad (2\text{-}3\text{-}22)$$

式中　Y——单位管线投资，千美元/km；

X_1——管线管径，in；

X_2——铺设水深，m；

X_3——管线长度，km。

考虑不同管线材质、不同保温形式对管线投资的影响，可使用调整系数对模型进行调整，系数见表2-3-5。

表2-3-5　水下集输管线投资模型调整系数取值　　　　　　　　　　　单位：%

管材	不保温	保温 wet foam	保温 PIP
X60	100	10	25
Duplex	35	5	10
CRA	40	5	11

（3）浅水水下管线模型。

通过对尼日利亚浅水项目的研究，浅水集输管线投资对水深不敏感，对管线材料、管材尺寸、管线长度和保温方式更敏感。通过回归可得到不同材质和保温形式的水下管线投资公式，见表2-3-6。

表2-3-6　尼日利亚浅水集输管线投资模型

管线材质	保温形式	模型实例　X_1 管线尺寸，in；X_2 管线长度，km；Y 管线投资，百万美元
X60	保温	$Y=(0.089X_1+1.9548)\times X_2$
X60	不保温	$Y=(0.0513X_1+1.7402)\times X_2$
X80	保温	$Y=(0.0902X_1+1.9474)\times X_2$
X80	不保温	$Y=(0.0546X_1+1.6924)\times X_2$
CRA	保温	$Y=(0.1702X_1+2.395)\times X_2$
CRA	不保温	$Y=(0.1308X_1+2.2061)\times X_2$
316	保温	$Y=(0.1298X_1+2.1958)\times X_2$
316	不保温	$Y=(0.0917X_1+1.9971)\times X_2$

第三章　海外油气投资优化组合模型

投资组合是提高投资收益、分散或弱化投资风险的有效手段，广泛应用于企业投资战略规划和证券分析领域。自 2014 年国际原油价格大幅下跌以来，国内外各大石油公司上游利润锐减，大幅削减投资、控制成本成为各大油公司应对低油价最主要最直接的手段。对石油公司而言，在资金规模有限的约束条件下，面对诸多的勘探开发活动和投资机会，哪些该投资，哪些不投资，如何科学合理地优化投资、实现效益最大化是石油公司决策面临的一道难题。

本章阐述了投资优化组合方法理论及在油气行业的实践，以投资单元为优化研究对象，结合海外油气勘探开发经营决策具体需求，筛选并确定目标函数和约束条件，建立海外多目标投资优化组合模型，分别采用遗传算法和 0-1 整数规划算法求解，结合风险定量化评价，实现"效益—风险"均衡决策。

第一节　投资优化组合理论及应用

一、投资优化组合理论

投资优化组合理论起源于金融业，最早是投资者把其资金投资到证券市场上，投资者在投资时会同时考虑多种证券，其选择的某一组证券组成的集合就是投资组合。在 20 世纪 50 年代以前，人们已经认识到通过投资组合可以分散风险，实现效益的最大化，充分认识到投资分散化的好处。现代投资组合理论产生于 1952 年马克维茨（Markowitz）提出的证券投资组合理论，也称为证券组合理论或投资分散理论，随后得到快速发展和广泛应用。投资组合理论的发展极大地改变了过去主要依赖基本分析的传统投资管理实践，使现代投资管理日益朝着系统化、科学化、组合化的方向发展。

近十年来，国际石油公司前所未有地重视投资优化组合，单项资产投资的效益评价技术比较成熟，比较容易地就能判断单项投资效益的好坏，而多项投资在各种约束条件下如何优化组合以达到最佳目标，是投资组合理论研究的重点。不同时期的专家和学者从不同的角度对投资组合理论进行了研究和阐述，主要的投资优化组合理论包括均值—方差理论、安全第一理论、引入交易成本和流动性的投资组合理论、行为投资组合理论等，其中以均值—方差理论最为经典，应用最广。

1. 均值—方差理论

1952 年，马克维茨发表了奠基性的论文《Portfolio Selection》，提出了均值—方差理论，奠定了现代投资优化组合理论的基础，因其开创性的研究工作获得了 1990 年诺贝尔经济学奖。该文章展示了如何利用投资优化组合取得尽可能大的投资收益率，同时也最早提出了关于投资组合建立在经典的概率理论基础之上的均值—方差方法。1959年马克维茨出版了同名专著，对均值—方差理论进一步进行了阐述。投资优化组合均值—方差理论的基本思想是假定投资者都是厌恶风险的，将资产的收益看成是随机变量，用收益的期望（均值）来度量投资收益，用收益的方差来度量投资收益的风险（方差在实际使用中也用标准差来替代，标准差与均值是同一个度量单位）。故而，马克维茨的均值—方差理论运用概率论和最优化技术模型优化了不确定条件下的投资行为，其决策方法是在给定期望风险水平下对期望收益进行最大化，或者在给定期望收益水平下对期望风险进行最小化。

目标函数：

$$\min o^2(r_p) = \sum\sum x_i x_j \mathrm{cov}(r_i, r_j) \quad (3-1-1)$$

$$r_p = \sum x_i r_i \quad (3-1-2)$$

限制条件：

$$\sum x_i = 1$$

式中　r_p——组合收益；

　　　r_i，r_j——第 i 只和第 j 只股票的收益；

　　　x_i，x_j——证券 i、j 的投资比例；

　　　$o^2(r_p)$——组合投资方差（组合总风险）；

　　　$\mathrm{cov}(r_i, r_j)$——两个证券之间的协方差。

以方差度量风险有严格的假设，这些假设主要有：第一，每种证券的收益率都服从正态分布；第二，各种证券收益率之间服从联合正态分布；第三，证券市场为有效市场；第四，投资者是风险厌恶型的。

马克维茨均值—方差理论是以资产权重为变量的二次规划问题，采用微分中的拉格朗日方法求解在限制条件下，使得风险最小时最佳投资组合。从经济学角度分析，就是投资者预先确定一个期望收益率，然后通过确定投资组合中每种资产权重，使其总体投资风险最小，因而在不同的期望收益水平下，得到相应的使方差最小的资产组合解，这些解构成了最小方差组合，也就是通常所说的有效组合。有效组合的收益率期望和相应的最小方差之间所形成的曲线，就是有效投资组合前沿。投资者根据自身的收益目标和风险偏好，在有效组合前沿上选择最优的投资组合方案，如图3-1-1所示。有效前沿是一条向右上方倾斜的曲线，它反映了"高收益，高风险"的原则。

马克维茨建立的均值—方差模型，提出了确

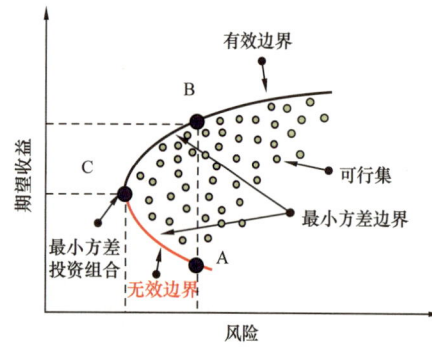

图3-1-1　投资优化组合有效边界示意图

定最佳投资优化组合的基本模型。但由于这一方法要求计算所有资产的收益率、方差，计算比较复杂，制约了其在实践中的应用。20世纪60年代以来，许多学者在马克维茨投资组合的均值—方差理论基础上，进一步开展了投资组合理论研究，这些研究都是在一定的假设条件下，得到了部分情况下有效投资组合的解析表示或者给出求投资组合有效前沿的数值方法。如Konno和Yamazaki（1991）用绝对偏差风险函数代替马克维茨模型中的方差风险函数，建立了均值—绝对偏差投资组合选择模型。Konno和Suzuki（1995）研究了收益不对称情况下的均值—方差—偏度模型。

2. 单指数模型

按照马克维茨的均值—方差理论及模型，要对资产组合中每一资产的期望收益、方差和协方差进行估算。计算的工作量（尤其是协方差的计算）非常巨大。

1963年，Sharpe（1990年诺贝尔经济学奖获得者）在《证券组合分析的简化模型》一文中提出了单指数模型。根据Sharpe的单指数模型，任意股票收益率均可由单一的外在指数来决定。

单指数模型的基本思想是：证券收益率的变动受一种或几种指数变动的影响，各种证券之间的相互关系由它们与指数的共同关系推出。市场中大多数证券的收益率随指数的走高而升高，随指数的下降而降低。可得到如下模型：

$$R_i = \alpha_i + \beta_i \times R_m + \varepsilon_i \quad (3-1-3)$$

$$\sigma_i^2 = \beta_i^2 \sigma_m^2 + \sigma^2(\varepsilon_i) \quad (3-1-4)$$

$$\mathrm{cov}(R_i, R_j) = \beta_i \beta_j \sigma_m^2 \quad (3-1-5)$$

式中　α_i——不受指数影响的收益，是市场超额收益率为0的期望收益率，通常值比较小也比较稳定；

R_m——某种指数的收益；

β_i——证券 i 的收益率对指数的敏感系数；

ε_i——各证券的残差项。

β_i 和 R_m 合起来为影响资产收益的宏观因素，称为系统因素，是真正影响资产组合收益的因素。ε_i 是影响资产收益的特有因素，也称为非系统因素，是不确定的，其期望值为0。于是，证券组合集P的期望收益率为：

$$R_p = \alpha_p + \beta_p \times R_m \quad (3-1-6)$$

式中　R_p——证券组合集P的期望收益；

α_p——证券加权收益；

β_p——证券加权敏感系数。

单指数模型计算的工作量大大减小，实用操作性强。

3. 安全第一组合理论

与马克维茨的均值—方差模型的思路不同，Roy在1952年提出了安全第一组合理论

（Safety-First Portfolio Theory）。和均值—方差模型不同，安全第一组合理论没有将方差作为投资组合风险的度量，而是将灾难事件（破产）发生的概率作为风险的度量。安全第一组合理论旨在选择使灾难事件发生概率最小的投资组合，关注的是投资组合下行的风险。方差作为一种风险资产的数字特征，可以反映风险资产预期收益的不确定性，却并不能代表风险发生时投资者受到打击的程度。

在 Roy 之后，Kataoka、Telser 等对安全第一组合理论从不同角度进行了一些新的发展。1998 年，Martin.R.Yong 建立了一种极大极小（maxmin）模型，将最小收益（意味着最大可能的机会损失）而不是将方差作为风险的度量，并建立了用线性规划方法求解投资优化组合问题的模型。极大极小模型给出了另一种控制风险的策略，要求在给定的均值水平上，极大化极小的收益，通过将最大可能的机会损失减少到最小的方法来控制风险。极大极小模型在原则上继承了安全第一的思想，并且可以用线性规划方便求解。

极大极小模型可以描述为以下数学规划问题：

$$\begin{cases} \max_{x} \min_{1 \leq k \leq n} \sum_{i=1}^{m} x_i r_{ki} \\ s.t. \sum_{i=1}^{m} x_i = 1, x_i \geq 0 \\ \frac{1}{n} \sum_{k=1}^{n} \sum_{i=1}^{m} x_i r_{ki} \geq p \end{cases} \quad (3-1-7)$$

其中，r_{ki} 代表资产 i 在状态 k 下的收益率。一个投资组合策略表示为 $x=(x_1, x_2, \cdots, x_m)$，$x_i$ 是分配到资产 i 上的比例，满足：

$$\sum_{i=1}^{m} x_i = 1, x_i \geq 0 \quad (3-1-8)$$

二、投资优化组合油气领域应用概述

投资优化组合理论一经提出很快在油气领域得到了广泛应用。国外对油气田投资优化的研究方面，Quick.A.N（1982）最早把投资优化组合理论应用于油气勘探项目的选择和分析中。Quick.A.N 和 Buck.N.A（1983）对油气勘探项目投资组合优化进行了更为深入阐述，勘探项目储量至上策略忽视了石油公司可持续发展能力，在勘探规划编制中必须考虑勘探项目的经济收益并对勘探风险做出全面系统的衡量。Orman（1999）讨论了油气领域与证券领域相比的特殊性，并且比较了传统的资产评价理论与最优化组合的区别。Erdogan M. 等人（2001）通过对比分析决策树和投资组合在投资优化中的不同效果，肯定了投资组合的优点。Walls（2004）论述了投资组合理论与偏好分析理论在上游石油工业中的应用。David Wood（2016）提出的油气项目投资多目标优化决策模型中，考虑了如下几个关键项目参数：税前无贴现现金流、税前及税后贴现的净现值、含风险的净现值（NPV）、债务投资比、固定资产投资额、年或天平均产量、剩余可采储量，考虑时间、投资、价格等建立了三阶段的投资组合优化模型，利用单纯形法或遗传算法进行求解。

20世纪60年代中期，ExxonMobil、Shell以及Arco等公司开始在勘探系统中应用该理论，20世纪70年代晚期，Chevron、BP、Elf等公司开始普遍在投资中使用风险分析，20世纪80年代国际石油行业开始应用风险分析和投资组合管理理念，探索行业应用方法。20世纪90年代勘探开发投资风险分析技术及应用飞速发展，石油公司普遍认识到全球范围内勘探开发投资组合管理的重要性和必要性。投资组合方法开始应用后，许多公司广泛应用以投资组合为核心的风险分析与管控方法，并结合新的勘探开发技术的应用，大幅提高了勘探开发业绩，在很大程度上规避了上游投资风险。

近年来，国际石油公司都非常重视分析研究历史投资及其对经营状况的影响，根据自身的技术和管理特点以及油气资产价值研究，通过并购目标资产、加大核心资产投入力度、出售不符合发展方向的资产等手段，优化投资结构，调整资产布局，保持公司长期健康稳定发展。国际石油公司勘探开发投资项目管理是紧紧围绕着投资优化组合进行的，投资优化组合技术正成为国际石油公司上游日常的投资决策技术（图3-1-2），并伴随着风险分析与评价技术的完善迅速进入勘探开发投资决策领域。目前低油价背景下积极优化投资结构的趋势尤其明显，投资结构优化研究更受到各大石油公司重视。

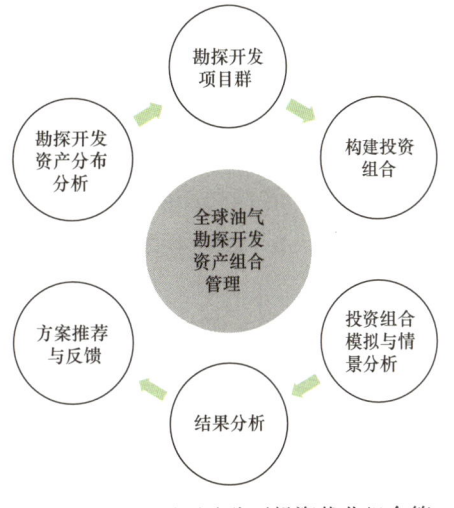

图3-1-2　国际石油公司投资优化组合管理循环图

据不完全统计，至少5家大型国际石油公司（ExxonMobil、BP、Shell、Chevron、Total），23家一体化石油公司（如Eni、ConocoPhillips、Petrobras、BG等）以及98家油气勘探开发公司（如OXY、Marathon、Husky、Encana、Anadarko等）在应用投资组合理论进行上游投资规划计划以及决策。BP公司2002年以来一直在用投资组合方法管理其全球开发战略资产动态，2002年管理重心是勘探生产项目全球统一排队，制订五年规划，把上游投资的50%集中于世界五大重要勘探生产利润中心；2003年着眼于长期战略，逐步增强资产投资组合的竞争力，以可靠和有竞争力的回报为动力，持续调整勘探生产部门，继续寻求现有油气田基地的最大生产能力，并建立由6个新利润中心组成的平稳投资组合，处理掉不再符合公司战略的49亿美元资产；2004年投资于高收益、较低成本的大油气田，寻求以最大化资本和作业效率安全管理资产，继续发展有突出地位的新利润中心；2005—2008年采用集中勘探开发战略，在有潜力发现大油气田地区，试图建立新的利润中心，严格选择投资组合，根据"风险和价值因时而异"的原则，对全球油气资产投资优化组合进行动态管理（图3-1-3）。

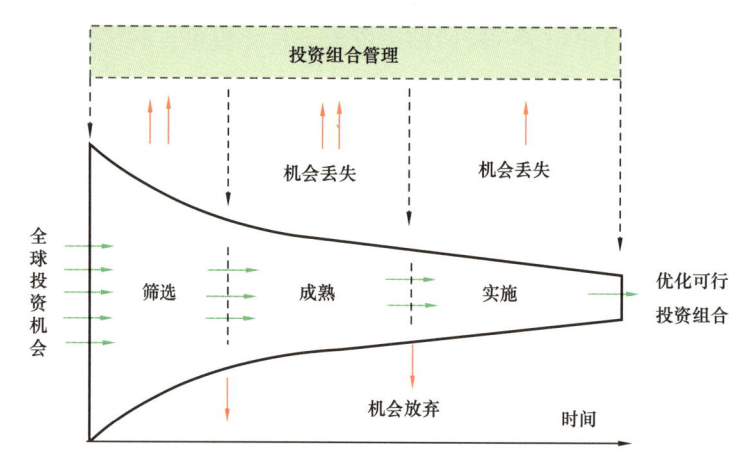

图 3-1-3　国际石油公司投资优化组合动态管理图

国内方面：郭秋麟（2005）建立了油气勘探目标经济评价与决策系统 EDSys1.0，将投资优化组合理论引入勘探目标的排序优选，建立了勘探目标投资组合的优化模型，根据净现值、内部收益率、资源规模、资源丰度、资源品位、地面环境和供需关系确定一个"综合经济吸引力"，以净现值最大、风险最小作为目标函数，建立了优化模型；王永兰（2005）建立了一套油气勘探项目的投资组合优化体系，以项目的投资与否作为决策变量，约束条件包括了投资额、新增原油和（或）天然气可采储量、勘探成本控制，以 ENPV 最大、风险最小作为目标函数；米立军（2008）介绍了中国海油勘探投资组合系统开发与应用的状况，主要包括：系统结构设计，勘探目标经济评价、单目标多方案优选、多目标综合排队、投资组合优化等方法的研究，以及在中国海油勘探目标评价、年度钻探目标组合、季度钻探部署调整和滚动规划编制等工作中的应用案例；张孟（2010）建立了一套油气勘探项目的投资组合优化体系，其成果包括油气勘探项目经济评价和风险分析方法，以及考虑投资和储量约束的投资组合优化模型。

油气投资项目一般具有较长的投资周期，对海外油气投资项目来说，经济环境会随着时间逐步演变，时间将换来关于投资前景的更多信息，因此较晚的决策可能是更好的决策，特别是当考虑到投资的不可逆性时更是如此。可见等待和观察是一种有价值的选择，但另一方面，决策者也不可能无休止地等待和观察下去，因为这样会最终丧失投资机会，因此海外油气投资项目，特别是可以整体处置（退出、销售）的项目，还要考虑时间因素，即什么时候进行投资最优或处置最优。

第二节　海外油气投资优化组合模型建立

国际石油公司常以投资单元为基本单元，开展对每项投资的精细经济评价和优化。投资单元目前已成为国际石油公司对油气资产进行经济效益评价、投资优化组合的基本单元。中国油公司在走出去过程中，逐步实现与国际接轨，在追求精细投资优化、投资回报最大化等方面也持续开展了深入研究，形成了中国特色的海外油气投资优化组合技术。

一、投资单元及划分方法

1. 投资单元含义

"投资单元"是指某"油气资产"内的一个已经被承诺或将要提出实施的勘探开发投资计划或投资机会，是投资决策和优化组合的基本单元。投资单元形式多样，可以是一口钻井或一批钻井、或若干增产措施、或一个注水方案、或一项改造工程、或一个开发（调整）方案、或若干油田群联合开发方案等。

油气资产是指同一个合同篱笆圈内的一个或若干个油气田及生产配套设施。同一个油气资产由一个或若干个油气田组成，有共用的生产配套设施和计量集输系统，具有同一个财税条款和经济评价模型。一个油气资产内部可以细分若干投资单元。

投资单元一般都具有资本支出和收益，可以通过一系列的经济指标（如净现值NPV、内部收益率IRR、净现值指数PIR等）来评价其经济性。资本支出包括一次性投资（如海外项目收购投资）以及未来的勘探开发投资和其他现金支出项；收益包括产品（油气产量）销售收入和其他现金收入。投资单元可能是经济的，也可能是不经济的。通过经济评价，可以明确投资单元的经济效益，细化投资构成与流向，为投资优化组合及投资决策提供支持。

2. 投资单元划分方法

1）投资单元成熟度

投资单元具有成熟度，成熟度随着勘探开发活动进展与状态的变化而动态变化，成熟度可划分为5个阶段，即投资单元的"识别、选择、定义、执行、操作"（图3-2-1），其成熟度依次升高，价值实现的风险依次降低。投资单元划分与成熟度密切相关。

所谓"识别"，是对一系列可能的勘探开发投资机会进行识别和筛选，明确有哪些勘探开发投资机会可以列入未来投资计划。"选择"阶段，是基于初步的技术、经济和风险评估，选择最具可行性的概念方案。"定义"阶段，是基于更加丰富的油藏地质、测试、生产等静态和动态资料，编制并确定用于实施的详细方案，包括技术、经济和风险评估。"执行"阶段，在方案获得批准和最终投资决策（FID）后，将详细实施方案交付现场实施。"操作"阶段，是方案执行后，进入生产操作、投资回收阶段，并进行动态跟踪评价。

2）投资单元类型划分

根据油气资产的合同篱笆圈、投资单元成熟度、投资决策点等，把各油气资产内部划分为"在产、在建、新增、待优化、勘探"等5种类型的投资单元，成熟度依次升高。投资单元类型划分如图3-2-2所示。不同类型投资单元含义、成熟度、对应的储量（资源量）级别见表3-2-1。

```
成熟度越来越高,油气资产价值实现的风险越来越低 →

识别 → 选择 → 定义 → 执行 → 操作

识别符合发展战略的勘探开发投资活动或机会,哪些可纳入下步投资计划

基于初步的技术、经济和风险评估,选择最具可行性的概念方案

基于更加丰富的油藏地质、测试、生产等静态和动态资料,开展详细的技术论证、经济评价和风险评估,编制并确定用于实施的详细方案

批准方案,并获得最终投资决策(FID)

实施方案

实施后进入生产操作阶段,并跟踪评价
```

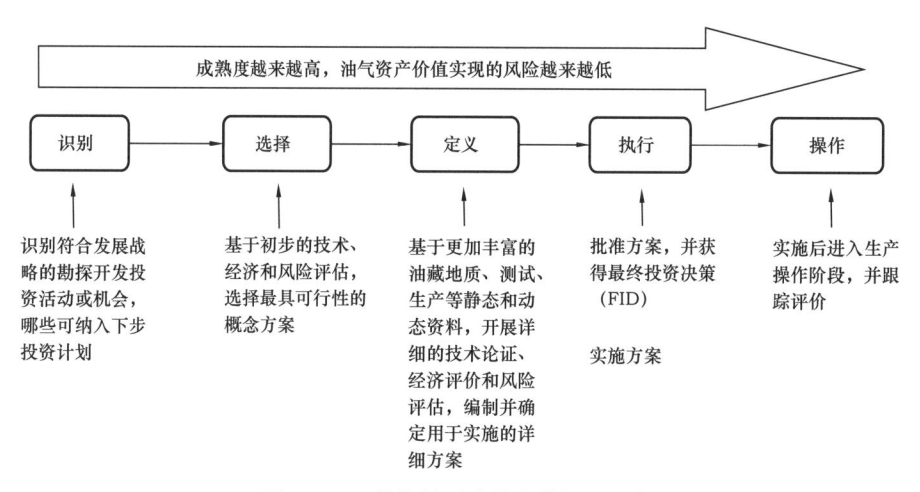

图 3-2-1　投资单元成熟度分级及要点

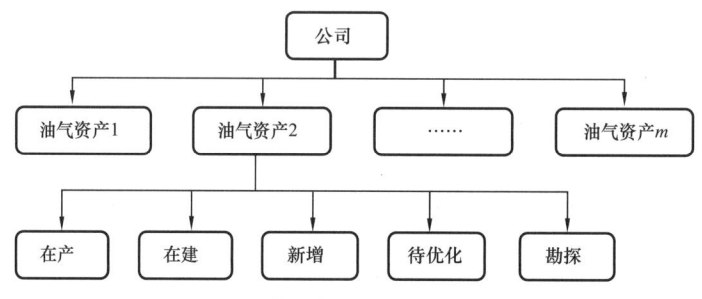

```
                        公司
    ┌────────┬────────┼────────┬────────┐
  油气资产1  油气资产2  ……              油气资产m
              │
    ┌────┬────┼────┬────┐
   在产  在建  新增  待优化  勘探
```

图 3-2-2　海外油气项目投资单元类型划分

"在产"投资单元是指正在生产的油气井及配套地面设施,是现有设施条件下对应的投资单元,其成熟度处于"操作"阶段,其对应的储量级别与状态是 SPE 规则中的证实已开发正生产(PDP)或证实已开发未生产(PDNP)储量。未来一般没有大的规模性投资,主要以操作成本支出为主。

"在建"投资单元指评价后当前有经济效益并获得最终投资决策(FID)的投资单元,正在进行或即将进入开发执行阶段,未来需要规模性投资和成本支出,其成熟度处于"执行"阶段,对应的 SPE 储量状态是证实未开发储量(PUD)或概算储量(P_bUD)。

"新增"投资单元是指当前条件下有经济效益,但是暂未获得最终投资决策的投资单元,其成熟度处于"定义"阶段,对应的储量状态是证实未开发储量(PUD)或概算储量(P_bUD),其与"在建"投资单元最主要的区别在于是否获得最终投资决策(FID)。

"待优化"投资单元是指当前条件下暂属次经济、有待于进一步方案优化的投资单元,其成熟度处于"选择"阶段,对应的储量(资源量)是现有 2C 资源量。

"勘探"投资单元是指未来勘探新增油气资源量进行开发时对应的投资单元。其成熟度处于"识别"阶段,对应远景资源量(2U)。

表 3-2-1　投资单元类型、含义及成熟度对应关系

投资单元类型	含义	成熟度	对应的储量（资源量）级别及状态（SPE 标准）
在产	已经投产、现有设施条件下的投资单元。未来一般没有大的规模性投资	操作	PDP+PDNP
在建	当前条件下具有经济效益、已经获得最终投资决策（FID）的投资单元	执行	PUD+P_bUD（已获得 FID）
新增	当前条件下有经济效益，但暂未批准最终投资决策的投资单元	定义	PUD+P_bUD（未获得 FID）
待优化	当前条件下属次经济，有待于进一步方案优化	选择	2C 资源量
勘探	预计未来勘探新增油资源量进行开发对应的投资单元	识别	远景资源量（2U）

二、投资优化组合层次结构

海外油气资产优化组合研究目标是对海外油气项目进行多层次、多目标的资产优化组合研究，以降低投资风险、提升投资回报。

海外油气资产投资优化组合模型设立三个层级，分别是投资单元、油气资产、公司（图 3-2-3），考虑到三个层级之间的联动和分解协调关系，设计一套投资优化组合模型体系。首先是对每个投资单元的初级筛选，根据各个投资单元的相关技术与经济指标进行优劣比较，筛选掉不符合基本要求的投资单元；其次，将初步筛选后符合要求的投资单元呈递到油气资产层面进行优化组合决策，每个油气资产根据自身相应的目标设置约

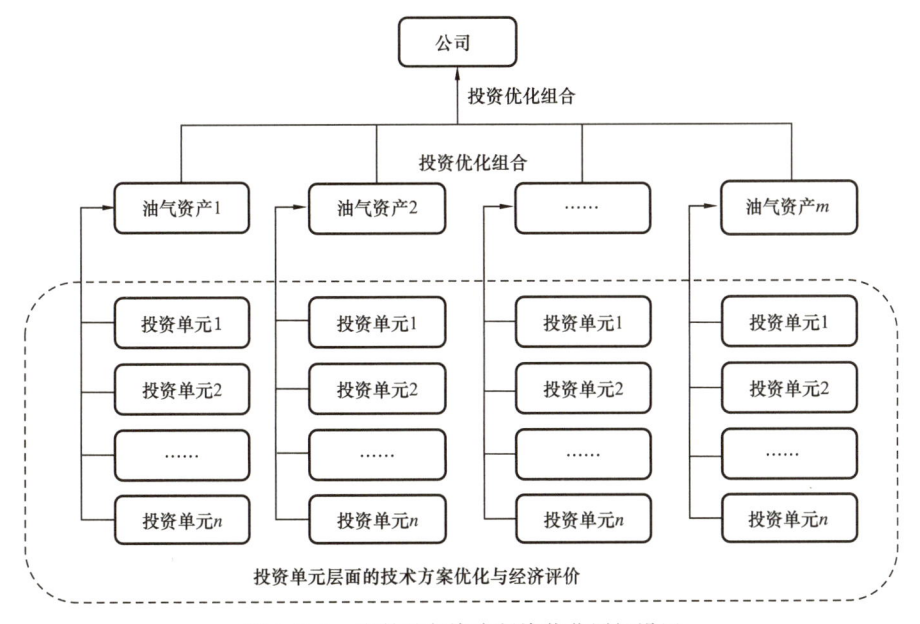

图 3-2-3　海外油气资产投资优化层级设置

束条件，运用所构建的多目标规划模型进行组合优选决策，测算出油气资产层面的优化组合方案；然后，将若干个优化后的油气资产层面对应的投资单元集合到公司层面进行优化组合决策，公司层面将从海外公司整体项目投资的视角对海外投资单元进行优化组合，确定优化投资组合方案；最后，根据模型测算结果所提供的优化组合，结合风险定量化评价，开展"效益—风险"均衡决策。

三、模型参数及决策变量

目标参数的确定是建立优化组合模型的重要环节。从油气项目常用的生产经营财务数据指标进行遴选（表3-2-2），选定可以表征项目优化组合的代表性目标参数指标，同时，参考国际石油公司投资优化组合常用指标（表3-2-3）。

表3-2-2 常用目标参数遴选

序号	经济评价指标	经济含义	重要程度	备注
1	NPV（净现值）	指一个项目预期实现的现金流入的现值与实施该项计划的现金支出的现值的差额。净现值为正值的项目可以为股东创造价值，净现值为负值的项目会损害股东价值	★★★★★	绝对数据指标，适合作为目标参数
2	NAV（净年值）	指按给定的折现率，通过等值换算将方案计算期内各个不同时点的净现金流量分摊到计算期内各年的等额年值。多适用于不同投资期限的项目间对比	★★★★	
3	PROD	油气产量	★★★★★	绝对数据指标，适合作为目标参数或条件约束
4	PROD.Oil	原油产量	★★	绝对数据指标，适合作为条件约束
5	PROD.Gas	天然气产量	★★	
6	CAPEX（资本性支出）	这类资产在使用过程中会持续多个计费期间，需要在使用过程中将其资本化，并分期将成本转为费用。如固定资产的折旧，无形资产和递延资产的摊销等	★	
7	PIR（净现值指数）	指折现现金流与折现总投资的比值	★★★★★	相对数据指标，适合作为目标参数
8	UTC（单位总成本）	指生产单位产量而平均耗费的成本。一般将总成本除以总产量得到，反映同类产品的费用水平	★★★★★	单位绝对数据指标，适合作为目标参数
9	UDC（单位开发成本）	指每单位已探明储量的资本性支出和生产设备的支出	★★★★	
10	UOC（单位操作成本）	指油气田开发后生产单位产品所需的费用，包括人员费用、材料费、技术资料获取费等	★★★★	

续表

序号	经济评价指标	经济含义	重要程度	备注
11	UNPO（单位折现成本）	指每单位产量将未来有限期预期内操作成本折算成现值	★★	考虑单位产品时对应的成本、投资及输出国所得
12	UNPC（单位折现投资）	指每单位产量对应的未来有限预期内的资本性支出现值	★★	
13	UNPCT（单位折现合同者所得）	指每单位产量对应的未来有限预期内合同所有者（输出国）收益折算成现值所产生的资金数额	★★	
14	NET profit（净利润）	指在利润总额中按规定交纳了所得税后公司的利润	★★★★	宏观数据指标，适合作为条件约束
15	ROCE（资本回报率）	即当期息税前利润÷当期平均已动用资本	★★★★	
16	RRR（储量替代率）	是年度增加可采储量与年产油量的比值，是衡量油田稳产和可持续发展的重要指标	★★★★	

表 3-2-3 国际石油公司常用目标参数

序号	经济评价指标缩写	指标
1	NPV	净现值
2	IRR	内部收益率
3	PIR	净现值指数
4	PROD	产量
5	RRR	储量替代率
6	Gearing	资产负债率
7	CAPEX	资本性支出
8	ROCE	资本回报率
9	Unit Costs	单位成本

在建立优化组合模型时，选择了重要程度最高的10项指标作为目标函数的参数集（表3-2-4）。

定义决策变量 x_{ij}，对第 j 个油气资产中的第 i 个投资单元的投资决策，$x_{ij}=1$ 为投资，$x_{ij}=0$ 为不投资。对于要出售或运营的投资单元，可以理解为 $x_{ij}=1$ 为执行，$x_{ij}=0$ 为不执行。

表 3-2-4　投资优化组合目标参数确定

目标参数 1	NPV（净现值）	绝对值参数
目标参数 2	NAV（净年值）	
目标参数 3	NP（净利润）	
目标参数 4	UTC（单位总成本）	
目标参数 5	UDC（单位开发成本）	
目标参数 6	UOC（单位操作成本）	
目标参数 7	PROD（产量）	
目标参数 8	PIR（净现值指数）	相对值参数
目标参数 9	ROCE（资本回报率）	
目标参数 10	RRR（储量接替率）	

四、模型约束条件

确定约束条件是投资优化组合非常重要的环节。海外投资优化组合模型的约束条件分为初始化约束和投资优化组合约束。

1. 初始化约束

为了提高优化组合模型的计算效率，可设置初始化约束条件。初始化筛选是对参与优化组合的全部投资单元进行初步筛选，以便在投资优化组合前期将不适合投资的单元提前筛除。初始化约束主要包括：必选约束、整数约束、非负约束、效益约束、互斥关系约束等。

1）必选约束

在海外油气资产中，存在具有战略意义的投资单元、"在产"类型的投资单元、合同约定的义务工作量，以及获得最终投资决策的投资单元等，通常列为必选项目。此外，由于油气项目在勘探开发过程中，一些投资单元具有一定的关联性或依存关系，若某一必选投资单元的开展必须伴随着附属投资单元的开展，则这些附属海外投资单元也是必选项。

2）整数约束

投资优化组合时，对于投资单元的决策只存在投资与不投资两种选择，所以整数约束的取值是 0 和 1，0 是指不进行勘探开发投资，1 是进行勘探开发投资，只能取值 0 或 1。

3）非负约束

一旦决定投资，投资额必大于 0。

4）效益约束

对投资单元进行初始筛选时，可以设定满足一定效益指标的条件约束。如净现值 NPV 大于 0 的投资单元才参与优化组合计算，或者投资回报率 PIR 必须大于 0 等。

5）互斥约束

若某个投资单元有多套方案时，如分别表现为不同油价方案和不同产量规律的方案，则对于该投资单元对应的多套方案应在约束条件中限定为"互斥关系"。同一组合集内只能有一个方案参与组合。

2. 组合集约束

组合约束是为了得到符合总体条件的投资单元的优化组合集。主要包括：优化组合集的产量约束、投资约束、成本约束、效益指标约束等（表 3-2-5）。

表 3-2-5 投资组合集约束条件

基本条件	描述	表达式	备注
条件 1：投资额约束	资本支出最小化	$\sum (CAPEX)_j \leq C$	投资≤投资总数
条件 2：产量约束	产量最大化	$\sum (PROD)_j \geq Q$	产量≥产量要求阈值
条件 3：关联约束	依存关系约束	$x_i \leq x_j$	某油气资产内部的投资单元之间具有一定的关联性
条件 4：多方案选择	互斥关系约束	$\sum x_i \leq 1$	同一个投资单元有多套方案时，只能选择其中的一个方案参与优化组合
条件 5：净利润约束	净利润应满足一定数额	$(NET\ profit)_j \geq 0$	
条件 6：资本控制	资本回报率需满足投资者的期望值	$(ROCE)_j \geq 2.5\%$	一般情况下，要求资本回报率（ROCE）大于 2.5%
条件 7：其他	特殊条件约束	$x_j = 1$	如，必须投资
		$x_j = 0$	如，因政局风险大而否决投资

五、投资优化组合数学模型

1. 线性优化组合模型一般形式

多目标线性规划有着两个和两个以上的目标函数，且目标函数和约束条件全是线性函数，其数学模型一般形式表示为：

$$\max \begin{cases} z_1 = c_{11}x_1 + c_{12}x_2 + \cdots + c_{1n}x_n \\ z_2 = c_{21}x_1 + c_{22}x_2 + \cdots + c_{2n}x_n \\ \vdots \\ z_r = c_{r1}x_1 + c_{r2}x_2 + \cdots + c_{rn}x_n \end{cases} \quad (3\text{-}2\text{-}1)$$

约束条件为：

$$\begin{cases} a_{11}x_1 + a_{12}x_2 + \cdots + a_{1n}x_n \leqslant b_1 \\ a_{21}x_1 + a_{22}x_2 + \cdots + a_{2n}x_n \leqslant b_2 \\ \vdots \quad \vdots \quad \vdots \\ a_{n1}x_1 + a_{n2}x_2 + \cdots + a_{mn}x_n \leqslant b_m \\ x_1, x_2, \cdots, x_n \geqslant 0 \end{cases} \qquad (3\text{-}2\text{-}2)$$

则上述多目标线性规划可用矩阵形式表示为：

$$\max \boldsymbol{Z} = \boldsymbol{CX} \qquad (3\text{-}2\text{-}3)$$

$$s.t. \begin{cases} \boldsymbol{AX} \leqslant \boldsymbol{b} \\ \boldsymbol{X} \geqslant 0 \end{cases}$$

其中，

$$\boldsymbol{A} = \begin{Bmatrix} a_1, a_2, \cdots, a_{1n} \\ a_2, a_{21}, \cdots, a_{2n} \\ \vdots \\ a_{m1}, a_{n2}, \cdots, a_{mn} \end{Bmatrix} \qquad (3\text{-}2\text{-}4)$$

$$\boldsymbol{b} = \begin{Bmatrix} b_1 \\ b_2 \\ \vdots \\ b_m \end{Bmatrix} \qquad (3\text{-}2\text{-}5)$$

$$\boldsymbol{X} = \begin{Bmatrix} x_1 \\ x_2 \\ \vdots \\ x_n \end{Bmatrix} \qquad (3\text{-}2\text{-}6)$$

目标线性规划是多目标最优化理论的重要组成部分，由于多个目标之间的矛盾性和不可公度性，要求使所有目标均达到最优解是不可能的，因此多目标规划问题往往只是求其有效解（非劣解）。目前求解多目标线性规划问题有效解的方法有理想点法、线性加权和法、最大最小法、目标规划法，模糊数学解法。应用多目标线性规划方法建立的决策模型可以为进行多目标选择提供一个比较好的途径。

在许多规划问题中，如果要求一部分或全部决策变量必须取整数则需要采用整数规划进行测算与分析，这样的规划问题称为整数规划，简记 IP。根据海外投资优化的决策变量特征，本优化应该属于整数规划问题。

在整数规划模型设计中可以通过计算松弛变量的取值确定方程的最优解，该问题称为松弛变量问题。不考虑整数条件，由余下的目标函数和约束条件构成的规划问题称为该整数规划问题的松弛问题。若松弛问题是一个线性规划问题，则该整数规划为整数线性规划。

依照决策变量取整数的要求不同，整数规划可以分为纯整数规划、全整数规划、混合整数规划和 0-1 整数规划等。纯整数规划是所有决策变量要求取非负整数的整数规划问题；全整数规划是除了要求所有决策变量取非负整数外，系数变量和常数变量也要求是整数的整数规划问题。混合整数规划是指只有一部分决策变量要求取整数，剩下部分可以取非负实数的整数规划问题。0-1 整数规划是指决策变量只能取 0 或 1 两个数的整数规划问题。

整数规划的一般模型可以表示为：

$$Z_{\max}（或 Z_{\min}）= \sum_{j=1}^{n} c_j x_j \tag{3-2-7}$$

约束条件为：

$$s.t. \sum_{i=1}^{n} a_{ij} x_j \leqslant (\geqslant, =) b_i$$
$$x_j \geqslant 0$$
$$i = 1, 2, \cdots, m$$
$$j = 1, 2, \cdots, n$$

$x_1, x_2, \cdots, x_n$ 取整数

2. 线性优化组合模型建立

在投资优化组合时，根据决策者的多种选择引入多目标函数。决策者可根据需要选择进行单目标或多目标组合。当目标函数为各参数的线性组合时，目标函数为线性规划模型目标函数。

设公司共有 m 个油气资产，每个油气资产划分有 n 个投资单元，l 为油价方案数，其中，$l=0$，1，2，3 分别表示不同油价方案。决策变量 x_{ijl} 表示在第 l 油价下，第 j 个油气资产中的第 i 个投资单元的投资决策结果，x_{ijl} 的取值为 1 或者 0，1 表示在组合优化中进行投资，0 表示在组合优化中不投资。

基于线性优化组合模型一般形式，结合海外油气勘探开发投资决策实际，建立单目标优化组合模型如下。

1）单目标优化组合模型

若仅满足一个目标参数，建立以下 7 个单目标优化组合模型。

净现值之和最大：

$$\max \sum_{i=1}^{n} NPV_i x_i \quad (3\text{-}2\text{-}8)$$

净年值之和最大：

$$\max \sum_{i=1}^{n} NAV_i x_i \quad (3\text{-}2\text{-}9)$$

净利润总和最大：

$$\max \sum_{i=1}^{n} NP_i x_i \quad (3\text{-}2\text{-}10)$$

单位总成本最低：

$$\min \sum_{i=1}^{n} UTC_i x_i \quad (3\text{-}2\text{-}11)$$

单位开发成本最低：

$$\min \sum_{i=1}^{n} UDC_i x_i \quad (3\text{-}2\text{-}12)$$

单位操作成本最少：

$$\min \sum_{i=1}^{n} UOC_i x_i \quad (3\text{-}2\text{-}13)$$

产量最大：

$$\max \sum_{i=1}^{n} PROD_i x_i \quad (3\text{-}2\text{-}14)$$

2）多目标优化组合模型

由于单目标函数只能反映一个目标参数，根据单一目标函数进行决策有时不能完全反映出决策者对多方面的要求，单纯地追求单一目标的最优，容易导致投资组合决策结果具有较大的片面性。因此，在实际投资优化组合中，建立多目标优化模型。

（1）双目标优化组合模型。

净现值 NPV 与净年值 NAV 优化组合模型：

$$\max \sum_{l=0}^{4} \sum_{j=1}^{m} \sum_{i=1}^{n_j} (W_1 \times NPV_{ijl} x_{ijl} + W_2 \times NAV_{ijl} x_{ijl}) \quad (3\text{-}2\text{-}15)$$

净现值 NPV 与净利润 NP 优化组合模型：

$$\max \sum_{l=0}^{4}\sum_{j=1}^{m}\sum_{i=1}^{n_j}(W_1 \times NPV_{ijl}x_{ijl} + W_2 \times NP_{ijl}x_{ijl}) \qquad （3-2-16）$$

净现值 NPV 与产量 PROD 的优化组合模型：

$$\max \sum_{l=0}^{4}\sum_{j=1}^{m}\sum_{i=1}^{n_j}(W_1 \times NPV_{ijl}x_{ijl} + W_2 \times PROD_{ijl}x_{ijl}) \qquad （3-2-17）$$

（2）三目标优化组合模型。

净现值 NPV、净年值 NAV 与净利润 NP 的组合模型：

$$\max \sum_{l=0}^{4}\sum_{j=1}^{m}\sum_{i=1}^{n_j}(W_1 \times NPV_{ijl}x_{ijl} + W_2 \times NAV_{ijl}x_{ijl} + W_3 \times NP_{ijl}x_{ijl}) \qquad （3-2-18）$$

净现值 NPV、净年值 NAV 与产量 PROD 的组合：

$$\max \sum_{l=0}^{4}\sum_{j=1}^{m}\sum_{i=1}^{n_j}(W_1 \times NPV_{ijl}x_{ijl} + W_2 \times NAV_{ijl}x_{ijl} + W_3 \times PROD_{ijl}x_{ijl}) \qquad （3-2-19）$$

（3）四目标组合函数。

NPV、NAV、NP 与 PROD 组合：

$$\max \sum_{l=0}^{4}\sum_{j=1}^{m}\sum_{i=1}^{n_j}(W_1 \times NPV_{ijl}x_{ijl} + W_2 \times NAV_{ijl}x_{ijl} + W_3 \times NP_{ijl}x_{ijl} + W_4 \times PROD_{ijl}x_{ijl}) \qquad （3-2-20）$$

其中，W_i 为权重系数，各权重系数之和为 1；l 为油价方案，同一个组合集内只能用同一套油价下的评价结果进行组合；j 代表第 j 个油气资产（$j=1, 2, \cdots, m$），i 代表第 i 个投资单元（$i=1, 2, \cdots, n$）。决策变量 x_{ijl} 表示在第 l 油价下，第 j 个油气资产中的第 i 个投资单元的投资决策结果，x_{ijl} 的取值为 1 或者 0，1 表示在优化组合中进行投资，0 表示在优化组合中不投资。

其他参数含义参见表 3-2-4。

3）优化组合模型约束条件

（1）年产量约束，优化组合集的总产量之和不低于下限 Q 值：

$$\sum_{j=1}^{m}\sum_{i=1}^{n_j}q_{ij}x_{ij} \geqslant Q$$

（2）总投资限额约束，优化组合集的投资之和不高于投资上限 C 值：

$$\sum_{j=1}^{m}\sum_{i=1}^{n_j}c_{ij}x_{ij} \leqslant C$$

（3）依存关系设定：

$$x_p \leqslant x_q$$

当两个投资单元 x_p 和 x_q 存在相互依存关系时，可以添加此约束条件，这意味着，当 x_p 入选组合时，x_q 也必选，当 x_q 未入选组合时，x_p 也不能入选。

当不同投资单元之间存在依存关系，则模型计算时，需要考虑依存关系的影响。一般而言，依存关系有先后之分，如先行投资 A 方案，必然需要连带投资 B，但投资 B 不一定要投资 A，也有可能依存关系是相互的，即 A 和 B 缺一不可。依存关系说明见表 3-2-6。

表 3-2-6 投资单元依存关系表

依存关系	表达式	说明
若投资 A，则 B 必须投资	$x_A \leqslant x_B$	当 A 为必选项目时，x_A 等于 1，则 x_B 必须等于 1，但 B 可以单独投资
若不投资 A，则 B 也不能被投资	$x_A \geqslant x_B$	当 A 为非投资项目时，x_A 等于 0，则 x_B 必须等于 0，但 A 可以独立投资
A 和 B 缺一不可	$x_A = x_B$	当 A 为必选项目时，x_A 等于 1，x_B 也等于 1，B 也是必选项目。当 A 为非投资项目时，x_A 等于 0，x_B 也是 0，则 B 也是非投资项目

根据勘探开发实践，第一种关系较为常用，因为前面的勘探开发工序一旦进行，后面的工序必须实施，同时考虑到后面的工序也有多方案选择，因此，根据先互斥后依存的原则可以总结为以下表达式：$x_A \leqslant x_{B_1} + x_{B_2} + x_{B_3}$，$B_1$，$B_2$，$B_3$ 为投资单元 B 不同的互斥方案。

（4）互斥关系设定。

若某投资单元有 2 个或几个不同方案时，只能有一个方案参与优化组合。

$$\sum_{l=1}^{3} x_{ijl} \leqslant 1$$

（5）特殊约束（必选项目）。

根据投资单元成熟度，"在产"类型的投资单元已经投产并获得了相应的油气产量，原则上其由于前期已经投入了大量资金，一般需要保留继续生产。模型条件可表示为：

$$x_{ij0} = 1$$

3. 优化组合模型构建举例

例 1：如构建优化组合时，系统调用"油价方案一"下对应的方案基础数据。目标函数是净现值 NPV 和净年值 NAV 组合。保持"在产"投资单元必须纳入投资优化组合范围，且每个油气资产都必须有至少 1 个投资单元，因此构建如下多目标优化组合模型：

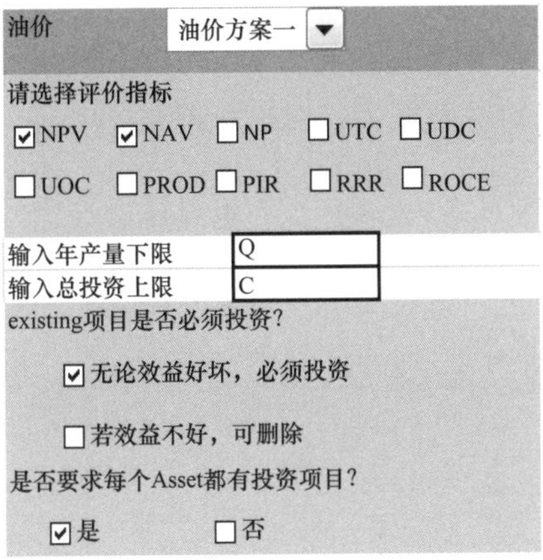

$$\max \sum_{l=0}^{4}\sum_{j=1}^{m}\sum_{i=1}^{n_j}(W_1 \times NPV_{ijl}x_{ijl} + W_2 \times NAV_{ijl}x_{ijl})$$

$$s.t. \begin{cases} x_{ij0}=1 \\ \sum_{i=1}^{n_j} x_{ijl} \geq 1 \\ \sum_{j=1}^{m}\sum_{i=1}^{n_j} q_{ijl}x_{ijl} \geq Q \\ \sum_{j=1}^{m}\sum_{i=1}^{n_j} c_{ijl}x_{ijl} \leq C \\ x_p \leq x_q \\ \sum_{l=1}^{3} x_{ijl} \leq 1 \end{cases}$$

例 2：如构建优化组合时，系统调用"油价方案二"下对应的方案基础数据，多目标函数是单位总成本 UTC、单位开发成本 UDC、单位操作成本 UOC 三个目标参数组合最低。假设"在产"投资单元效益不好时不纳入投资优化组合范围，且每个油气资产必须至少有 1 个投资单元，因此构建如下多目标优化组合模型：

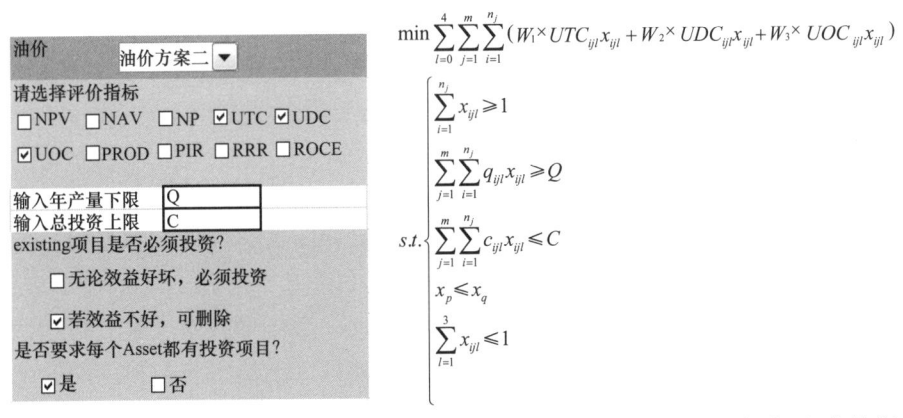

$$\min \sum_{l=0}^{4}\sum_{j=1}^{m}\sum_{i=1}^{n_j}(W_1 \times UTC_{ijl}x_{ijl} + W_2 \times UDC_{ijl}x_{ijl} + W_3 \times UOC_{ijl}x_{ijl})$$

$$s.t. \begin{cases} \sum_{i=1}^{n_j} x_{ijl} \geq 1 \\ \sum_{j=1}^{m}\sum_{i=1}^{n_j} q_{ijl}x_{ijl} \geq Q \\ \sum_{j=1}^{m}\sum_{i=1}^{n_j} c_{ijl}x_{ijl} \leq C \\ x_p \leq x_q \\ \sum_{l=1}^{3} x_{ijl} \leq 1 \end{cases}$$

例 3：如构建优化组合时，系统调用"油价方案三"下对应的方案基础数据，多目标函数是双目标净现值 NPV 和单位总成本 UTC 组合。"在产"投资单元效益不好时不纳入投资范围，且不要求每个油气资产有投资单元，因此构建如下多目标优化模型：

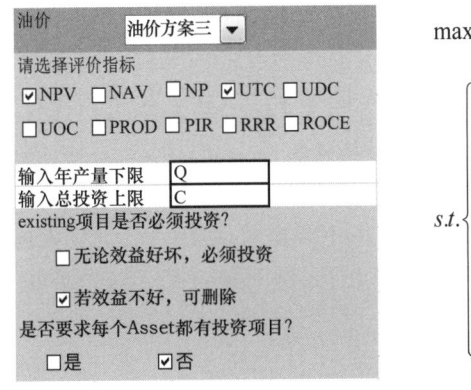

$$\max \sum_{l=0}^{4}\sum_{j=1}^{m}\sum_{i=1}^{n_j}(W_1 \times NPV_{ijl}x_{ijl} - W_2 \times UTC_{ijl}x_{ijl})$$

$$s.t. \begin{cases} \sum_{j=1}^{m}\sum_{i=1}^{n_j} q_{ijl}x_{ijl} \geq Q \\ \sum_{j=1}^{m}\sum_{i=1}^{n_j} c_{ijl}x_{ijl} \leq C \\ x_p \leq x_q \\ \sum_{l=1}^{3} x_{ijl} \leq 1 \end{cases}$$

例4：如构建优化组合时，系统调用"油价方案三"下对应的方案基础数据。目标函数是净现值 NPV 和净现值指数 PIR 组合。"在产"投资单元效益不好时也要纳入投资范围，但不要求每个油气资产有投资单元，因此构建如下多目标优化模型：

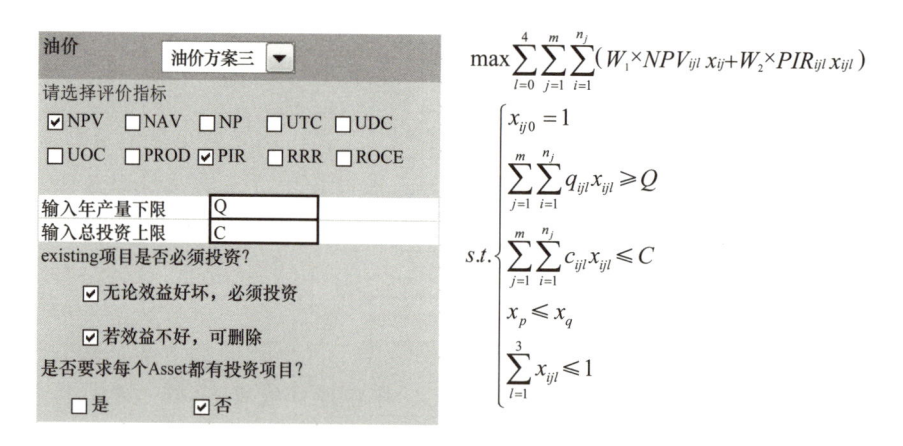

$$\max \sum_{l=0}^{4} \sum_{j=1}^{m} \sum_{i=1}^{n_j} (W_1 \times NPV_{ijl} x_{ij} + W_2 \times PIR_{ijl} x_{ijl})$$

$$s.t. \begin{cases} x_{ij0} = 1 \\ \sum_{j=1}^{m} \sum_{i=1}^{n_j} q_{ijl} x_{ijl} \geq Q \\ \sum_{j=1}^{m} \sum_{i=1}^{n_j} c_{ijl} x_{ijl} \leq C \\ x_p \leq x_q \\ \sum_{l=1}^{3} x_{ijl} \leq 1 \end{cases}$$

第三节 投资优化组合模型求解算法

一、投资优化组合求解方法

1. 多目标线性规划算法求解原理

多目标线性规划问题由于多个目标之间的矛盾性和不可公度性，要求使所有目标达到最优解是不可能的，因此多目标规划问题往往只是求其有效解（非劣解）。目前常用的求解多目标线性规划问题有效解的方法有理想点法、线性加权法、最大最小法、目标规划法、模糊数学方法等。根据问题的实际背景和特征，设法将多目标问题转化为单目标优化问题，从而得到满意解。在投资优化组合模型求解过程中，采用了线性加权法、模糊数学方法及遗传算法等间接求解方法。

采用目标规划法求解多目标规划问题，需要根据目标函数的优先级进行排序，在保证满足第一个目标函数值最优的条件下，再在最优解中寻找满足第二个目标函数的解集。在实际操作中发现海外油气项目的多目标规划将目标函数按优先级排序依次优化，往往只能满足前面的目标函数值最优，次优的目标函数难以得到最优；再者多个目标指标之间的优劣程度难以衡量。为了能将多个目标指标置于同一优先级进行优化求解，在目标函数组合时采用加权线性组合对目标函数进行优化。

1）线性加权和法

在具有多个指标的问题中，人们总希望对那些相对重要的指标给予较大的权系数，因而将多目标向量问题转化为所有目标的加权求和的标量问题，基于这个现实，构造如下评价函数，即：

$$\min_{x \in D} Z(x) = \sum_{i=1}^{r} \omega_i Z_i(x) \qquad (3-3-1)$$

将它的最优解 x^* 作为在线性加权和意义下的"最优解"。ω_i 为加权因子，其选取的方法很多，有专家打分法、容限法和加权因子分解法等。

2）模糊数学求解方法

多目标线性规划是优化问题的一种，由于其存在多个目标，要求各目标同时取得较优的值，使得求解的方法与过程都相对复杂。通过将目标函数进行模糊化处理，可将多目标问题转化为单目标，借助工具软件，从而达到较易求解的目标。

由于多目标线性规划的目标函数不止一个，要想求得某一个点作 x^*，使得所有的目标函数都达到各自的最大值，这样的绝对最优解通常是不存在的。因此，在具体求解时，需要采取折中的方案，使各目标函数都尽可能地大。模糊数学规划方法可对其各目标函数进行模糊化处理，将多目标问题转化为单目标，从而求该问题的模糊最优解。

具体的方法为：先求在约束条件 $\begin{cases} Ax \leq b \\ x \geq 0 \end{cases}$ 下各个单目标 Z_i，$i=1$，2，…，r 的最大值 Z_i^* 和最小值 Z_i^-，伸缩因子为 $d_i = Z_i^* - Z_i^-$，$i=1$，2，…，r 得到：

$$\begin{cases} \max Z = \lambda \\ \sum_{j=1}^{n} c_{ij} x_j - d_i \lambda \geq Z_i^* - d_i, \quad i=1,2,3\cdots,r \\ \sum_{j=1}^{n} a_{kj} x_j \leq b_k, \quad k=1,2,\cdots,m \\ \lambda \geq 0, \quad x_1, x_2, \cdots, x_n \geq 0 \end{cases} \qquad (3-3-2)$$

式（3-3-2）是一个简单的单目标线性规划问题，最后求得模糊最优解为：$Z^{**} = C(x_1^*, x_2^*, \cdots, x_n^*)^T$。

利用以上方法来求解的关键是对伸缩指标 d_i 的确定，d_i 是选择的一些常数，由于在多目标线性规划中，各子目标难以同时达到最大值 Z_i^*，但是可以确定的是各子目标的取值范围，它满足 $Z_i^- \leq Z_i \leq Z_i^*$，所以，伸缩因子为 d_i 可以按如下取值：$d_i = Z_i^* - Z_i^-$。

3）遗传算法

遗传算法是模拟达尔文生物进化论的自然选择和遗传学机理的生物进化过程的计算模型，是一种通过模拟自然进化过程搜索最优解的方法。遗传算法是从代表问题可能潜在的解集的一个种群开始的，而一个种群则由经过基因编码的一定数目的个体组成。初代种群产生之后，按照适者生存和优胜劣汰的原理，逐代演化产生出越来越好的近似解，在每一代，根据问题域中个体的适应度大小选择个体，并借助于自然遗传学的遗传算子进行组合交叉和变异，产生出代表新的解集的种群。这个过程将导致种群像自然进化一样的后生代种群比前代更加适应于环境，末代种群中的最优个体经过解码，可以作为问题近似最优解。

遗传算法的主要特点是直接对结构对象进行操作，不存在求导和函数连续性的限定，具有内在的隐并行性和更好的全局寻优能力。采用概率化的寻优方法，能自动获取和指导优化的搜索空间，自适应地调整搜索方向，不需要确定的规则。因此，遗传算法已被人们广泛地应用于优化组合、机器学习、信号处理、自适应控制和人工生命等领域。

遗传算法的基本运算过程如下（图3-3-1）。

（1）初始化：设置进化代数计数器$t=0$，设置最大进化代数T，随机生成M个个体作为初始群体$P(0)$。

（2）个体评价：计算群体$P(t)$中各个个体的适应度。

（3）选择运算：将选择算子作用于群体。选择的目的是把优化的个体直接遗传到下一代或通过配对交叉产生新的个体再遗传到下一代。选择操作是建立在群体中个体的适应度评估基础上的。

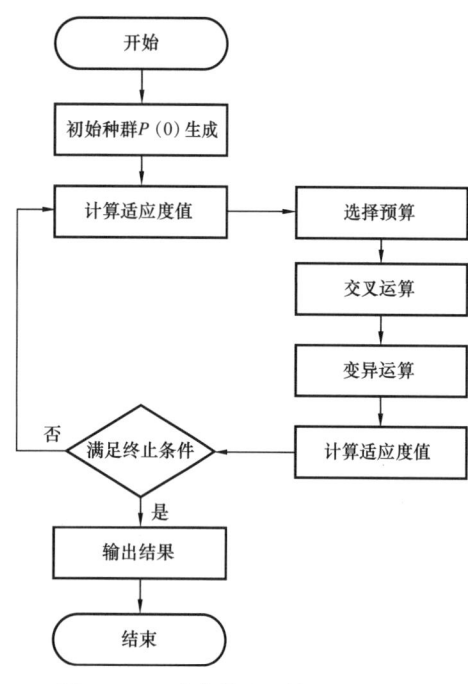

图3-3-1 遗传算法运算流程示意图

（4）交叉运算：将交叉算子作用于群体。遗传算法中起核心作用的就是交叉算子。

（5）变异运算：将变异算子作用于群体。即是对群体中的个体串的某些基因座上的基因值作变动。群体$P(t)$经过选择、交叉、变异运算之后得到下一代群体$P(t+1)$。

（6）终止条件判断：若$t=T$，则以进化过程中所得到的具有最大适应度个体作为最优解输出，终止计算。

遗传算法的适应度函数也叫评价函数，是用来判断群体中的个体的优劣程度的指标，它是根据所求问题的目标函数来进行评估的。遗传算法在搜索进化过程中一般不需要其他外部信息，仅用评估函数来评估个体或解的优劣，并作为以后遗传操作的依据。由于遗传算法中，适应度函数要比较排序并在此基础上计算选择概率，所以适应度函数的值要取正值。适应度函数的设计主要满足以下条件：

（1）单值、连续、非负、最大化；
（2）合理、一致性；
（3）计算量小；
（4）通用性强。

在具体应用中，适应度函数的设计要结合求解问题本身的要求而定。适应度函数设计直接影响到遗传算法的性能。遗传算法中以个体适应度的大小来评定各个体的优劣程度，从而决定其遗传机会的大小。

若给出目标函数f，则$f(b_i)$称为个体b_i的适应度。选中b_i为下一代个体的次数为：

$$P\{选中b_i\} = \frac{f(b_i)}{\sum_{j=1}^{n}f(b_j)} \cdot n \quad (3-3-3)$$

遗传算法中，交叉算子因其全局搜索能力而作为主要算子，变异算子因其局部搜索能力而作为辅助算子。遗传算法通过交叉和变异这对相互配合又相互竞争的操作而使其具备兼顾全局和局部的均衡搜索能力。

2. 算法的 Matlab 实现

1）混合线性整数规划算法

利用 Matlab 的 intlinprog 求解如下的一般混合线性整数规划问题：

$$\min f^T(x)$$
$$s.t. \begin{cases} A \cdot x \leq b \\ A_{eq} \cdot x = b_{eq} \\ b_l \leq x \leq b_u \\ x\text{为整型变量} \end{cases} \quad (3-3-4)$$

式中　f——由参数组成的列向量；

　　　x——由未知数组成的列向量；

　　　A，A_{eq}——系数矩阵；

　　　b，b_{eq}——对应的向量；

　　　b_l，b_u——变量上下限。

Matlab 中的算法格式：

$[x, fval, exitflag] = intlinprog\,(f, intcon, A, b, A_{eq}, b_{eq}, b_l, b_u, options)$

式中　x——变量个数；

　　　$fval$——目标函数最优值；

　　　f——目标函数中的系数向量，为多目标加权值；

　　　$intcon$——整数变量个数；

　　　A——不等式约束系数矩阵；

　　　b——不等式系数矩阵右端项向量；

　　　A_{eq}——等式约束系数矩阵；

　　　b_{eq}——等式约束右端项；

　　　b_l，b_u——变量上下限；

　　　$exitflag$——算法结束标记。

2）0—1 整数规划算法

Matlab 中的算法格式：

$[x, fval, exitflag] = bintprog\,(f, intcon, A, b, A_{eq}, b_{eq}, b_l, b_u, options)$

参数同上。

当决策变量取值均为 0 或 1 时，适用此算法，而且速度更快。

3）遗传算法

Matlab 中的算法格式：

$[x, fval, exitflag] = ga(fitnessfcn, nvars, A, b, [\ ], [\ ], b_1, b_u, nonlcon, IntCon, options)$

式中　　$fitnessfcn$——适应度函数；

　　　　$nvars$——变量个数；

　　　　$IntCon$——整型变量限制；

　　　　$options$——算法参数，可以通过此参数对种群数量、交叉算子和变异算子等进行设置。

二、投资优化组合求解流程

以投资单元的基本数据和模型设定为输入数据，首先读入各项基本数据，根据模型属性和模型参数进行条件判断，如是否保留投资单元等，生成计算所需的模型系数矩阵。根据模型的特性调用相关算法进行求解，提供上述三种算法，求解流程如图 3-3-2 所示。若模型为非线性模型，则只能调用遗传算法进行求解。

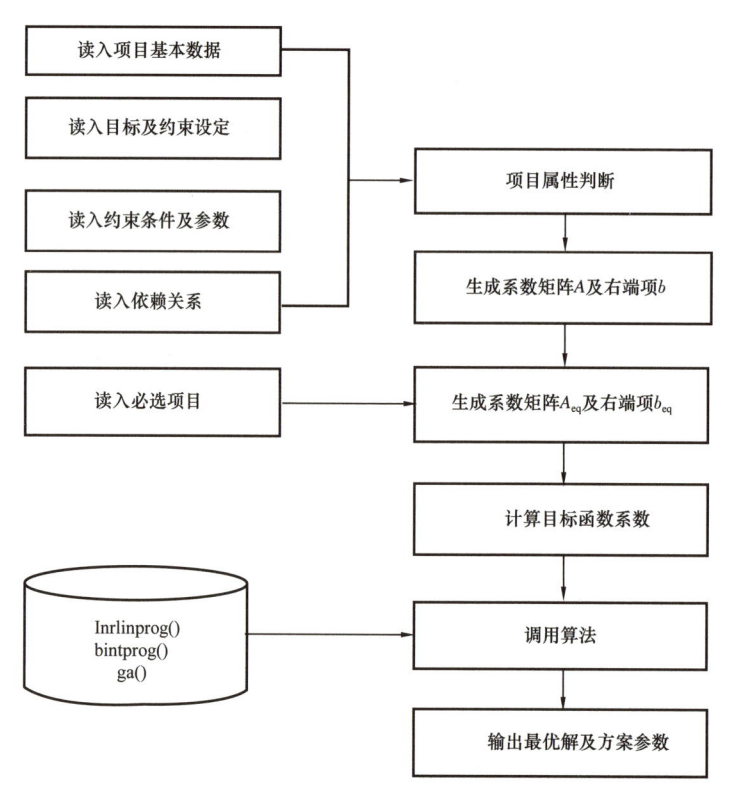

图 3-3-2　油气资产投资优化组合求解流程

第四节 海外油气生产经营风险评价

一、常用风险分析方法

常用风险分析方法包括风险定性分析和风险定量分析两大类。

1. 定性分析法

定性分析法亦称"非数量分析法",是一个应用广泛、历史悠久的方法,通过对项目所处外部环境以及项目自身内在素质等对项目所处风险进行综合判断。定性分析法主要依靠预测人员的丰富实践经验以及主观的判断和分析能力,推断出事物的性质和发展趋势的分析方法,是一种非常粗略的风险分析方法,其准确性往往取决于分析者的经验和直觉。对于油气项目经济效益风险因素分析而言,常用的定性分析法主要包括专家会议法、德尔菲法等。

1)专家会议法

也称专家座谈法,是指对预测对象由有较丰富知识和经验的人员组成专家小组进行座谈讨论,互相启发、集思广益,最终形成预测结果的方法。组织形式主要有头脑风暴法、交锋式会议法和混合式会议法。头脑风暴法也称非交锋式会议,会议不带任何限制条件,鼓励与会专家独立、任意地发表意见,没有批评或评论,以激发灵感,产生创造性思维。交锋式会议法的与会专家围绕一个主题,各自发表意见,并进行充分讨论,最后达成共识,取得比较一致的预测结论。混合式会议法也称质疑头脑风暴法,是对头脑风暴法的改进。它将会议分为两个阶段,第一阶段是非交锋式会议,产生各种思路和预测方案;第二阶段是交锋式会议,对上一阶段提出的各种设想进行质疑和讨论,也可提出新的设想,相互不断启发,最后取得一致的预测结论。

2)德尔菲法

也称专家调查法,其本质上是一种反馈匿名函询法,其大致流程是在对所要预测的问题征得专家的意见之后,进行整理、归纳、统计,再匿名反馈给各专家,再次征求意见,再集中,再反馈,直至得到一致的意见。该方法是由企业组成一个专门的预测机构,其中包括若干专家和企业预测组织者,按照规定的程序,背靠背地征询专家对未来市场的意见或者判断,然后进行预测的方法。德尔菲法其过程可简单表示如下:匿名征求专家意见—归纳、统计—匿名反馈—归纳、统计……若干轮后停止。

2. 定量分析法

定量分析法是通过统计调查法或实验法,收集精确的数据资料,依据统计数据,建立数学模型,并用数学模型计算出分析对象的各项指标及其数值的一种方法。定量分析作为一种古已有之但是没有被准确定位的思维方式,其优势相对于定性分析的确很明显,把事物定义在了人类能理解的范围,由定量而定性,因此定量分析是较为精确的风险分析方法，其准确性取决于统计数据的代表性和准确性。对于油气项目经济效益风险因素分析而言，常用的定量分析法主要包括决策树法、概率分析法、蒙特卡罗模拟法等。

1) 决策树分析法

决策树分析法是常用的风险分析决策方法。该方法用树形图来描述各方案在未来的收益，其决策是以期望值为标准的。未来可能会遇到好几种不同的情况，每种情况均有出现的可能，人们现无法确知，但是可以根据以前的资料来推断各种自然状态出现的概率。在这样的条件下，人们计算的各种方案在未来的经济效果只能是考虑到各种自然状态出现的概率的期望值，与未来的实际收益不会完全相等。

2) 概率分析法

概率分析法是使用概率预测分析不确定因素和风险因素对项目经济效果的影响的一种定量分析方法。其实质是研究和计算各种影响因素的变化范围，以及在此范围内出现的概率和期望值。由于概率的原因所引起的实际价值与估计价值或预期价值之间的差异，通常称为风险性，因此概率分析亦可称为风险分析。在项目评价中所用的概率是指各种基本变量（如投资、成本、收益等）出现的频率。其分析结果的可靠性很大程度上取决于每个变量概率值判断的准确性。

3) 蒙特卡罗方法

蒙特卡罗（Monte Carlo）方法，又称随机抽样或统计试验方法，属于计算数学的一个分支，它是在20世纪40年代中期为了适应当时原子能事业的发展而发展起来的。蒙特卡罗方法是依据每个模拟变量的概率分布，随机产生大量的模拟样本，根据模拟模型计算模拟结果，形成一种模拟情景。随着模拟次数的增多，可以产生丰富的模拟情景。模拟变量的取值按照模拟变量本身的概率分布随机取得，如果模拟次数足够多，可以认为模拟情景反映了模拟变量所发生的各种变化，所以最后得出的统计结果也可以认为反映了模拟结果可能发生的各种情景和不确定性。

蒙特卡罗模拟是概率型模拟中最常用的方法之一。模拟是运用系统、方案或问题的描述模型进行试验，从而找出它们未来可能发生的变化和变化规律。所谓确定性模拟，是指其模型内在因素的关系是确定的，即模型的输出与输入之间存在确定的关系曲线；而概率性模拟模型的内在因素是不确定的，反复进行模拟时得到的结果可能是不同的曲线，曲线上每个时点对应值的平均值表示出现象的平均状态，其分布表示出现象的离散程度，模拟重复次数越多，其平均值就越接近实际平均状态。

4) 敏感性分析法

敏感性分析是测定各种项目效益影响因素的变化对项目效益的影响程度，进而预测项目有多大风险的一种分析方法。敏感性分析的作用是为了提高对投资项目经济效益评价的准确性和可靠性。敏感性分析也成为"如果……怎么办（what if）"分析，该方法能准确地表示出其他变量不变的情况下，随意改变一个输入变量，项目的获利能力将发生多大的变化。一般来说，相关因素的不确定性是投资项目具有风险性的根源。但是，各种相关因素的不确定性给投资项目带来的风险程度都是不一样的，敏感性强的因素的不确定性给投资项目带来的风险更大。因此，敏感性分析的核心是从诸多的影响因素中找出敏感因素，并设法采取相应的对策和措施对之进行控制。

敏感性分析一般按照如下步骤进行：

（1）确定分析指标；

（2）选定不确定性因素，并设定它们的变化范围；

（3）计算因素变动对分析指标影响的数量结果；

（4）确定敏感因素；

（5）结合确定性分析进行综合评价，选择可行的比选方案。

投资项目的敏感性分析可分为单因素敏感性分析、多因素敏感性分析以及风险敏感度分析。单因素敏感性分析，是指假定其他因素保持不变，针对单个不确定因素的变动对项目效益的影响进行分析；多因素敏感性分析，是针对多个不确定因素同时变动时，对项目效益的影响进行分析，来判断项目承担的风险程度；风险敏感度分析，是指针对风险评价指标的影响因素变化时，对风险评价指标的影响进行分析。在实际工作中，多采用单因素敏感性分析。

敏感性分析只能回答哪些因素是项目的敏感因素，但是却不能给出项目失败的可能性大小。

二、海外油气生产经营主要风险

实践表明，海外油气开发生产经营面临诸多风险，最主要的风险有资源国政局风险、地质风险、工程风险和经济风险。其中，资源国政治社会风险主要涉及人员素质低、基础设施严重落后、政治动荡及战争内乱等；地质风险主要包括储量风险和产能风险，主要指储层条件、储量不确定性或产能规模递减过快的风险；工程风险主要包括钻采工程风险、地面工程风险、健康安全环境风险等；经济风险主要指投融资风险、市场风险和政策风险等。

1. 政局风险

资源国政局风险主要来源于所在资源国的政治社会局势，主要表现为战争和地方冲突，或者武装（恐怖）袭击、绑架，或者社区（部落）干扰，或者宗教（民族）矛盾等。如中东地区虽然其石油探明储量是世界上最多的地区之一，但该地区也是战争高发区，不稳定的政治社会局势会大大打击国际石油企业的投资信心。地区宗教冲突、民族冲突和政治集团内部矛盾也会使石油企业面临较大的政治风险。

2. 地质风险

地质风险表现为资源风险和产能风险。资源风险来源于储层含油气规模的不确定，资源风险主要指储量品位、可采储量、开拓工程量及采选方式等与原预测结果发生较大偏离，导致项目开采成本增高、产量降低或者开采期缩短的可能性；产能风险表现为产能递减规模过大，实际产量相较预期有较大差异。资源和产能的风险表现为储量和产量的不确定性，导致开发方案设计存在不确定性，进而影响项目经营效益。

3. 工程风险

工程风险主要表现为钻井工程风险、采油气工程风险、地面工程风险、健康安全环境风险和节能风险。钻井工程风险主要指井控及储层保护引发的风险，采油气工程风险主要指采油工艺技术带来的风险，地面工程风险主要指工艺技术及采出物物性风险（如高含硫），节能风险主要指节能措施不落实带来的风险。工程风险会引发采油工艺、地面工艺和原材料价格发生变化，进而导致产量、工期、投资、成本的变化，进一步影响项目经营效益。

4. 经济风险

经济风险主要表现为投融资风险、市场风险和政策风险等。

投融资风险主要指海外购买油气资产时，在当地银行或中国银行进行融资贷款涉及的投融资方案的科学性、可行性不稳定，在具体实施中容易出现问题，可能给贷款带来的风险。

市场风险主要是价格风险和汇率风险。原油和天然气价格是油气勘探开发项目经济效益非常敏感的指数。不仅直接影响销售收入，也对油气储量资产的价值带来重大的影响。国际油气市场价格变动，从长期趋势看与世界经济的关系十分密切。2014年以来国际油价大幅下跌，使石油企业的开发和生产面临极大的利润损失。同时，海外石油投资企业不可避免会涉及外汇汇率变化，国际金融市场汇率的剧烈波动同样对海外石油投资形成风险。国际油气勘探开发项目中的外汇风险主要有四类：外汇结算风险、外汇交易风险、外汇折算风险和经济性风险。

政策风险主要指所在资源国政府对油气生产经营制定的一系列严苛或宽松的政策。包括高油价下的赋税增加，低油价下的税收返还等税务政策。

三、海外主要风险定量化评价

通过海外油气开发生产经营中主要风险因素的判断和分析，筛选出政局社会风险、油价风险和储量风险等3种主要风险因素进行定量化评价。油价风险主要以概率分析法为基础，考虑不同油价下项目价值与期望价值的离散程度来评判油价风险。政治社会风险主要以德尔菲法为前提，结合定量分析方法确定项目政局风险。储量风险同样采用概率分析法，考虑不同级别储量对项目效益的贡献程度，赋予不同权重得到储量风险值。

1. 油价风险评价

选取高、中、低三种油价情形，分别测算3套油价对应的净现值 NPV（项目价值）：$NPV_{高}$、$NPV_{中}$ 和 $NPV_{低}$，分别赋予 1/3、1/3、1/3 权重，求解项目期望价值：

$$E = \frac{1}{3}(H + M + L) \qquad (3\text{-}4\text{-}1)$$

式中　E——项目期望价值；

　　　H——高油价对应价值 $NPV_{高}$；

M——中油价对应价值 $NPV_{中}$；
L——低油价对应价值 $NPV_{低}$。

求解不同油价方案下的不同价值 H、M、L 对于期望价值 E 的离散程度系数 σ，据此评判项目油价风险的大小。

σ 系数计算公式如下：

$$\sigma = \sqrt{\frac{\frac{1}{3}(E-H)^2 + \frac{1}{3}(E-M)^2 + \frac{1}{3}(E-L)^2}{E^2}} \quad (3-4-2)$$

σ 越大，说明不同油价方案对项目价值影响越大，即项目风险越高。

根据 σ 的计算公式，进行推导如下：

$$\begin{aligned}
\sigma^2 \cdot E^2 &= \frac{1}{3}(E^2 + H^2 - 2EH) + \frac{1}{3}(E^2 + M^2 - 2EM) + \frac{1}{3}(E^2 + L^2 - 2EL) \\
\sigma^2 \cdot E^2 &= E^2 + \frac{1}{3}(H^2 + M^2 + L^2) - \frac{2}{3}E(H+M+L) \\
\sigma^2 \cdot E^2 &= E^2 + \frac{1}{3}(H^2 + M^2 + L^2) - 2E^2 = \frac{1}{3}(H^2 + M^2 + L^2) - E^2 \\
\sigma^2 &= \frac{1}{3}\frac{(H^2 + M^2 + L^2)}{E^2} - 1
\end{aligned} \quad (3-4-3)$$

实践中，由于不同油价方案下油气资产价值（NPV）可能会出现负值，因此计算的 σ 有可能不在 0~1 之间，不能反映项目油价风险大小，因此，需要在计算 σ 前对三套油价测算的价值进行大于 0 的归一化处理，较为简单的做法就是将计算的 3 个 NPV 分别加上最小负值的绝对值。

对于组合的油价风险而言，首先将组合方案按三套油价分别测算组合价值，然后对组合负价值进行大于 0 的归一化后，采用离散系数公式计算不同组合对长期油价假设的风险程度。

2. 政局社会风险评价

采用德尔菲法对政局社会风险进行定量化评价。把某一个国家的政局社会风险源细分为 4 个方面：

（1）武装冲突、战争；
（2）武装（恐怖）袭击、绑架；
（3）社区（部落）干扰；
（4）宗教（民族）矛盾。

上述 4 项风险分别用 a_1、a_2、a_3、a_4 表示，根据风险大小，对 4 项风险源分别赋予 0~4 分的分值，其中分值 0 表示极低风险，分值 4 表示极高风险，风险等级如图 3-4-1 所示。

根据不同风险源的赋值，总分数为 0~16 分，最低 0 分，最高 16 分，采用加权平均求取资源国政局社会风险系数，这样政局风险系数在 0~1 之间。

社会政局风险源	风险值	风险最高值
武装冲突、战争	a_1	4
武装（恐怖）袭击、绑架	a_2	4
社区（部落）干扰	a_3	4
宗教（民族）矛盾	a_4	4
	$\sum a_i$	16

风险值4，极高风险
风险值3，高风险
风险值2，中等风险
风险值1，低风险
风险值0，无风险

图 3-4-1　不同政局风险等级赋值标准

$$RISK_i = \frac{\sum a_i}{16} \quad (3\text{-}4\text{-}4)$$

测算出的政局社会风险系数越大，说明该资源国政局社会风险越高。对于公司层面而言，利用产量加权求取公司层面投资组合的政局社会风险系数如下：

$$RISK_{\text{政局}} = \frac{\sum(q_i \times RISK_i)}{\sum Q} = \frac{\sum\left(q_i \times \frac{\sum q_i}{16}\right)}{\sum Q} \quad (3\text{-}4\text{-}5)$$

式中　$\sum Q$——投资组合的总产量；
　　　q_i——组合内某个投资单元的产量；
　　　$RISK_i$——单个投资单元的政局风险系数；
　　　$RISK_{\text{政局}}$——投资组合的政局风险系数。

3. 储量风险评价

海外油气生产经营实践表明，技术上最主要的风险是储量（资源量）的地质不确定性和成熟度。根据 SPE 储量评估规则和标准，储量（资源量）的落实程度（如 P 级储量、C 级资源量）总体反映了油气开发技术风险和不确定性。

SPE 储量评估规则和标准，依据不确定性将储量划分为证实储量（P_1）、概算储量（P_2）和可能储量（P_3），如果用概率表示，三者反映的是实际采出的石油量等于或超过评估值的概率分别为 90%、50%、10%。

投资优化组合时，某组合集内有若干投资单元，而投资单元有不同的成熟度，因此，组合集的总产量既有证实储量、概算储量和可能储量的贡献，又有 C 级资源量的贡献，以及未来勘探新增储量的贡献，其地质不确定性和成熟度依次降低，风险也依次增大。储量风险分析主要是分析组织内 P 级、C 级以及勘探新增储量所贡献的产量分别占优化后组合集的总产量比例。P 级储量贡献产量比例越大，表明该组合储量越可靠，技术风险越小；C 级资源量和勘探新增储量的贡献越大，表明该投资组合的储量和产量越不可靠，技术风险也越大。基于该思路，设计储量风险定量评价操作方法。

假定投资组合集的合同期权益产量为 Q：

$$Q = \sum Q_p + \sum Q_c + \sum Q_u \quad (3\text{-}4\text{-}6)$$

式中 Q_p——P 级储量贡献的产量；

Q_c——C 级资源量贡献的产量；

Q_u——未来勘探新增储量贡献的产量。

则这一投资组合的储量技术风险表达为：

$$RISK_{储量}=1-\frac{\sum Q_p \times K_1 + \sum Q_c \times K_2 + \sum Q_u \times K_3}{\sum Q} \quad (3-4-7)$$

K_1、K_2、K_3 分别表示 P 级储量、C 级资源量、未来勘探新增储量的风险系数，$RISK_{储量}$ 处于 0～1 之间，值越大则表明风险越高。

4. 综合风险评价

通过上述油价、政局、储量三方面的风险定量化评价，对三方面风险归一化处理（加权系数），进行评价，可得到海外油气项目生产经营的综合风险。

$$RISK_{综合}=RISK_{油价} \times k_{油价} + RISK_{储量} \times k_{储量} + RISK_{政局} \times k_{政局} \quad (3-4-8)$$

式中 $k_{油价}$，$k_{储量}$，$k_{政局}$——油价、储量、政局的风险权重系数，且 $k_{油价}+k_{储量}+k_{政局}=1$。

第四章　投资优化组合决策平台研发及应用

研发海外投资优化组合平台，建立数据库，把油气资产价值评估方法、石油工程投资估算方法、投资优化组合模型软件化，并开展应用研究。

第一节　海外投资优化组合决策平台研发

一、平台架构设计

1. 总体架构

平台架构按照"数据+平台（业务 PaaS）+应用"的模式，集成油气资产和投资单元实际数据，基于微服务架构的容器云技术，研发高内聚、低耦合、可扩展的海外油气资产投资优化组合决策分析平台。

系统分为三层架构：数据层、业务层和应用层（图 4-1-1）。

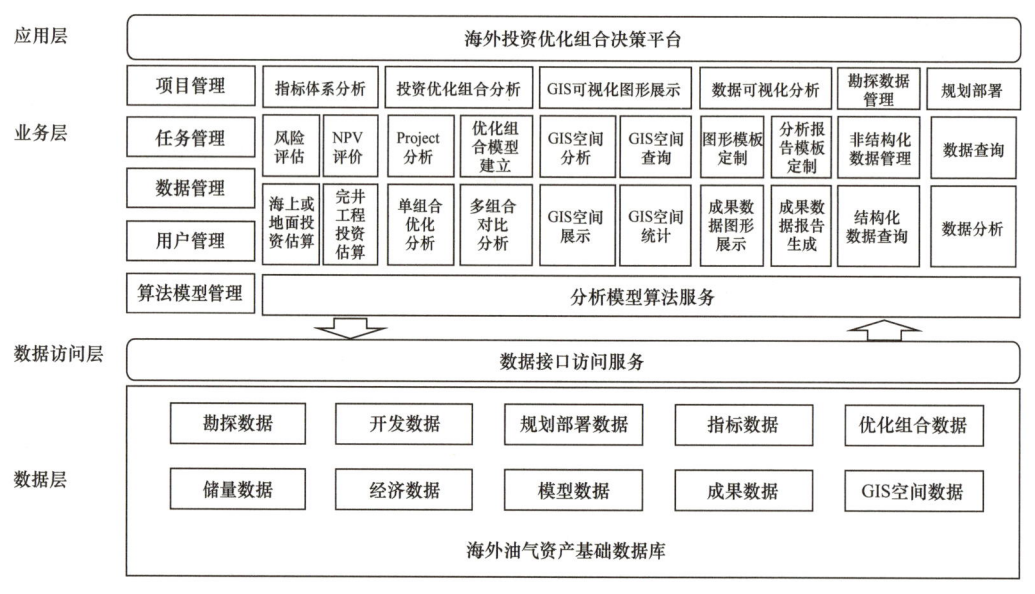

图 4-1-1　海外投资优化组合决策平台总体架构图

（1）数据层：集成油气资产价值影响因素及评估体系研究成果、海外石油工程投资估算方法与指标体系研究成果，包含相应的数据、方法与模型，为油气资产投资优化组合决策提供一个数据集成及分析环境。

（2）业务层：集成数据管理、算法库管理、分析模型管理等管理业务，并提供优化组合管理、储量价值评估、优化结果可视化分析等业务应用功能。

（3）应用层：以投资单元和油气资产为对象，建立投资单元及优化组合评估分析模型，进行投资优化组合分析。

2. 技术架构

平台采用松耦合的云平台服务架构以适应企业多变的业务、流程和管理模式，基于微服务架构的容器云技术进行研发，为上层业务快速定制应用（图4-1-2）。

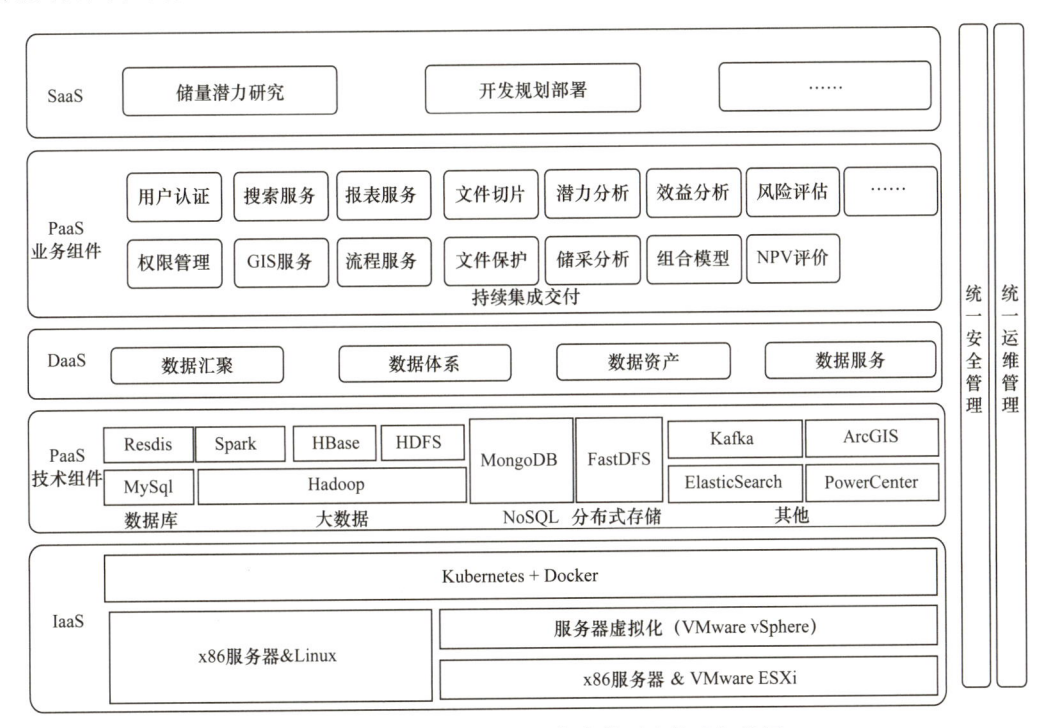

图4-1-2 海外投资优化组合决策平台技术架构图

3. 应用架构

平台集成相应的数据、方法与模型，为海外投资优化组合决策提供一个数据集成及分析评估的平台，实现油气资产投资优化组合应用研究。系统业务应用体系结构如图4-1-3所示。

二、数据库设计及建设

1. 数据库设计原则

1）一致性原则

对数据来源进行统一、系统地分析与设计，协调好各种数据源，保证数据的一致性和有效性。

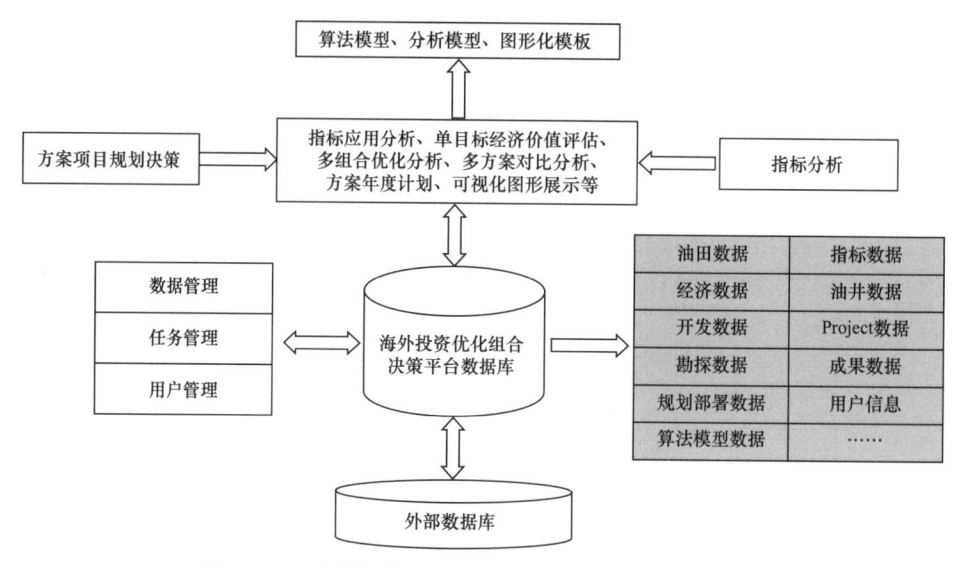

图 4-1-3　海外投资优化组合决策平台应用体系结构图

2）完整性原则

数据库的完整性是指数据的正确性和相容性。要防止合法用户使用数据库时向数据库加入不合语义的数据。对输入数据库中的数据要有审核和约束机制。

3）安全性原则

数据库的安全性是指保护数据，防止非法用户使用数据库或合法用户非法使用数据库造成数据泄漏、更改或破坏。要有认证和授权机制。

4）可伸缩性与可扩展性原则

数据库结构的设计应充分考虑发展的需要、移植的需要，具有良好的扩展性、伸缩性和适度冗余。

5）规范化

数据库的设计应遵循规范化理论。规范化的数据库设计，可以减少数据库插入、删除、修改等操作时的异常和错误，降低数据冗余度等。

6）开放性与共享性

数据库整合多类数据来源，进行统一、规范管理，建立一致性的数据访问接口，实现多用户、多系统、多平台共享访问数据。

2. 数据体系结构

根据平台体系架构及业务应用功能模块，系统数据库划分为三个层次：用户数据层、项目数据层和油气资产投资基础数据层（图 4-1-4）。用户数据指用来存储用户信息、角色、权限及任务、消息等数据。项目数据指平台的内部数据库，包括指标应用分析项目数据、优化组合分析项目的内部数据等。基础数据包括开发数据、勘探数据、经济评价数据、储量数据、指标数据、模型算法数据等。

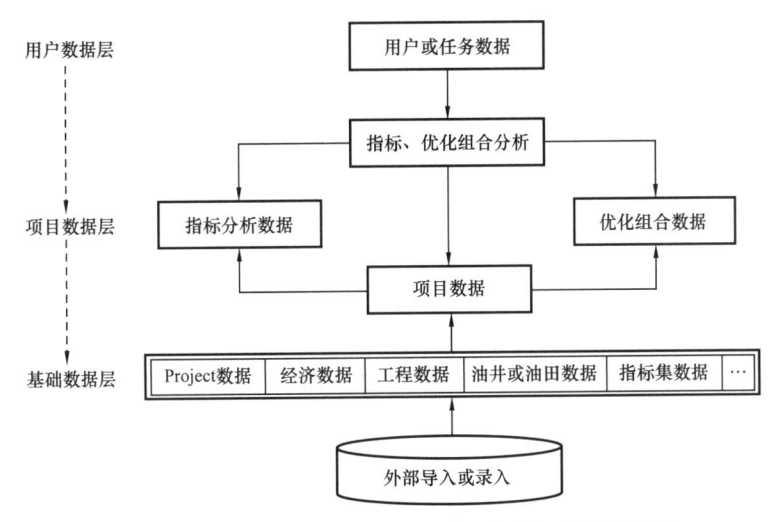

图 4-1-4 海外投资优化组合决策平台数据体系结构图

3. 业务数据体流程

根据系统业务分析功能，系统数据流划分为两部分：一是指标应用分析数据流，二是优化组合分析数据流。

1）指标应用分析数据流

指标体系应用分析是指根据提供的指标参数、算法运行模型，选取评价样本数据，进行分析评估。数据流程如图 4-1-5 所示。

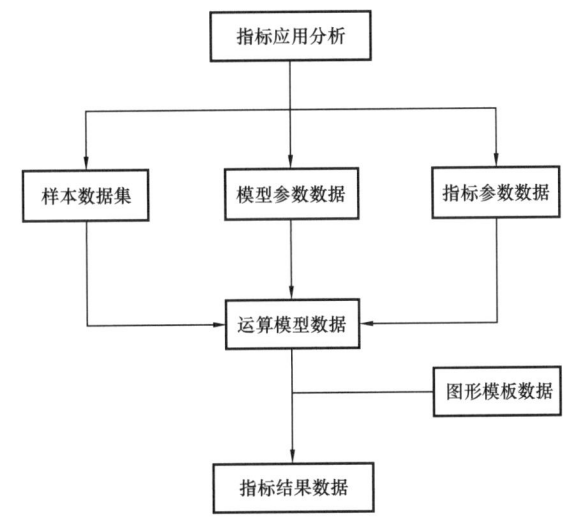

图 4-1-5 指标应用分析数据流程

2）优化组合分析数据流

优化组合分析内容包括投资单元 Project 分析、单一组合分析、多组合分析。数据流程如图 4-1-6 所示。

```
                    ┌──────────┐
                    │ 优化组合 │
                    └────┬─────┘
            ┌────────────┼────────────┐
            ▼            ▼            ▼
      ┌──────────┐ ┌──────────┐ ┌──────────┐
      │经济指标数据│ │Project数据│ │油价方案数据│
      └─────┬────┘ └────┬─────┘ └──────────┘
            │           ▼
            │     ┌──────────┐
            │     │模型参数数据│
            │     └────┬─────┘
            │          ▼
            │     ┌──────────┐
            │     │运算模型数据│
            │     └────┬─────┘
            │          ▼
            │     ┌──────────────┐  ┌──────────┐
            │     │优化组合结果数据│  │ 风险数据 │
            │     └────┬─────────┘  └────┬─────┘
            ▼          ▼                 ▼
      ┌──────────┐ ┌──────────┐    ┌──────────┐
      │Project分析│ │单一组合分析│    │ 多组合分析│
      └──────────┘ └──────────┘    └──────────┘
```

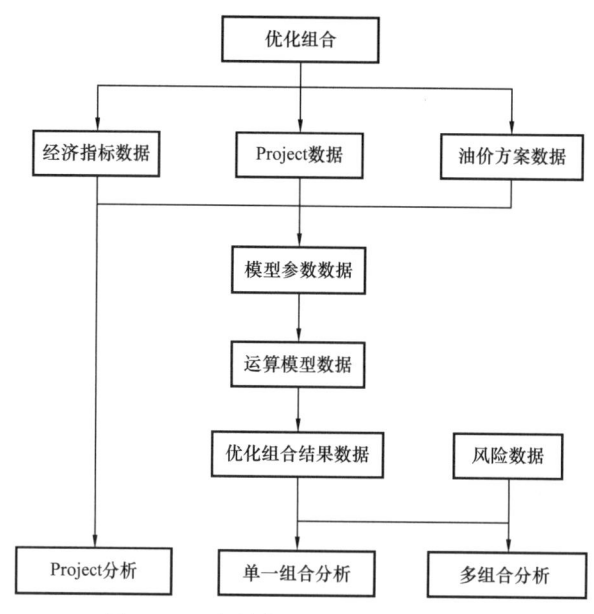

图 4-1-6　投资优化组合分析数据流程

4. 数据库关键技术

1) 多源时空数据融合技术

目前对数据认知表达已从原有二维平面空间基准逐步演变到三维空间基准，进而演变到反映地理空间对象时空分布的四维空间基准。时空数据是指具有时间元素并随时间变化而变化的空间数据，是描述地球环境中地物要素信息的一种表达方式。这些时空数据涉及各式各样的数据，如地球环境地物要素的数量、形状、纹理、空间分布特征、内在联系及规律等的数字、文本、图形和图像等，不仅具有明显的空间分布特征，而且具有数据量庞大、非线性以及时变等特征。

油气资产投资优化组合平台多源数据包括时间维度的投资数据、经济指标数据、储量数据、勘探数据等，空间维度经济投资点密度、投资趋势热度、区块空间分布、传统 GIS 影像数据、区域数据、油气分布数据等。另外还包括如油气投资优化组合评估算法模型、GIS 空间多元分析算法模型、风险评估主成分分析模型等这些专题评估算法模型数据。

通过多数据源的分析及大数据挖掘提取，在时间维度与空间维度上生成投资可视化分析数据，结合专题算法模型，来实现多源数据融合可视化表达（图 4-1-7）。

2) 多维数据模型设计技术

投资优化分析是一个多维数据分析过程，可以进行单维度分析和多维度组织分析。数据库的组织需要满足这种多维度数据分析的需要。

多维数据模型把数据看成是数据立方体形式，围绕中心主题组织，该主题用事实表示。事实是数值度量的。数据立方体允许以多维数据建模和观察，它由维和事实定义。维是关于一个组织想要记录的视角或观点，每个维都有一个表与之相关联，称为维表。事实表包括事实的名称和度量。

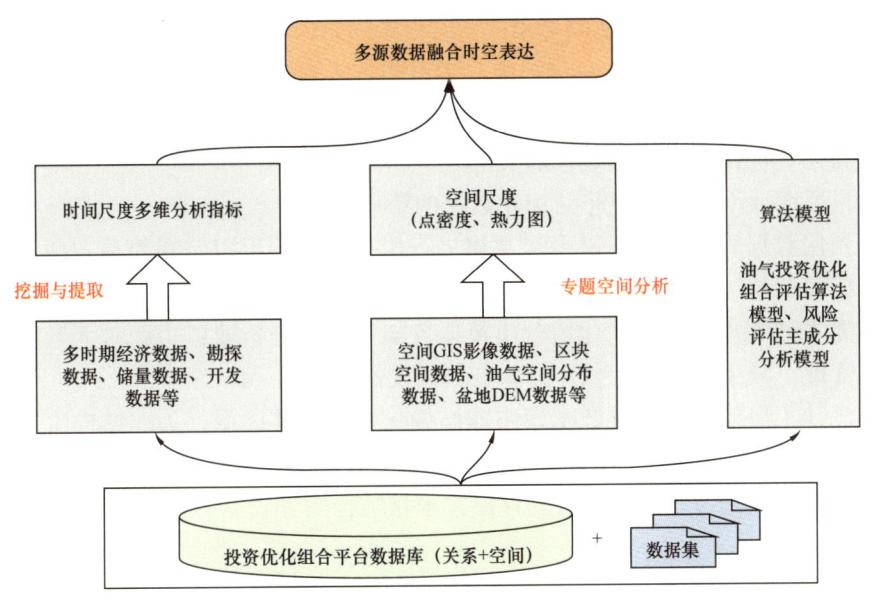

图 4-1-7 多元时空数据融合技术

多维数据模型可以是星形模式、雪花模式或事实星座模式等形式，本节采用雪花模式。以投资单元 Project 数据集为事实表，从地区、油价、时间、储层、风险等多因素建立维度。对每一个维度，又可进一步细分为更细的维度。如地区可以分为国家、公司、区块、油田；储层也可以分为多级评价指标，从而构成雪花模式（图 4-1-8）。

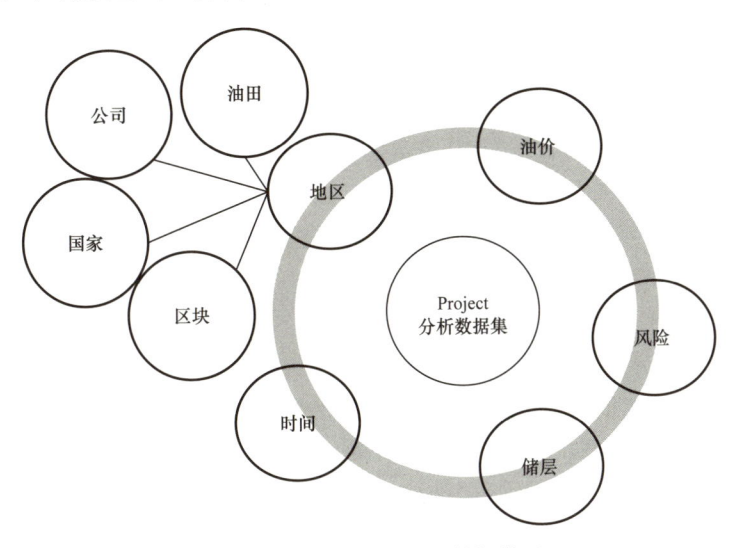

图 4-1-8 雪花模式多维数据模型

分析数据集面向投资优化组合，以投资单元为单元，以各种成本效益为事实，构成分析数据集的完整描述。其主要维度有：国家、公司、区块、油田、时间。关联的事实表包括基础数据、经济指标、风险参数。基本属性有：总产量、权益产量、份额油气产量、权益投资、权益成本、权益现金流等。

3）非结构化数据存储与访问技术

油气资产投资优化组合决策过程中,需要用到大量的文档,包括报告、图形、表格等作为参考资料,如何根据分析的主题,快速从大量的非结构化文档中找到需要的资料,是提高投资优化组合决策效率的关键。

为此,采用以下技术实现非结构化数据的管理。

（1）利用数据管理与服务平台对文档进行统一管理,可以实现简易方便快速,统一平台的文档存储与访问。

（2）建立油气资产投资优化组合决策业务架构,按分析业务主题对大量文档进行分类组织和管理,减少文档搜索量,提高资料查找的准确率。

（3）设计了海外油气资源数据库中非结构化数据标签体系,为非结构化文档的检索和应用提供支持。

（4）采用结构化与非结构化数据存储技术相结合的方式。

5. 平台数据库内容

数据库内容包括用户数据、基础数据、项目数据。

1）用户数据

平台中用户数据包含用户基本信息、系统角色及系统权限分配。每个用户可对应一个或多个不同角色,每个角色下又拥有不同权限。具体包括:用户、角色、权限、模块数据和任务数据。其中任务数据是系统根据用户的权限,在实施的项目中分配任务。任务依附于项目,一个项目下有多个任务,任务可制订子任务。

2）基础数据

基础数据包括管理基础数据、国家信息数据、技术与经济专业数据、风险数据等。管理基础数据是用来描述基础表结构信息的,包括表的构建、表的组成及对表的描述。基础数据是由基础数据表及基础数据字段表组成。国家信息数据包括国家信息的描述及投资单元所属公司。技术与经济专业数据包括勘探开发数据、储量数据、经济评价数据、地面工程数据、规划部署数据等。

3）优化组合结果数据

初筛投资单元、设定油价,选择优化模型,设定约束条件参数,进行优化组合计算分析,得到优化组合结果数据。优化组合结果数据用于优化组合数据分析。优化组合数据分析包括单一组合数据对比分析、多组合对比分析。单一组合优化数据分析是对某套油价下不同投资单元对比分析及不同油价下同一个投资单元对比分析。多组合对比分析数据是对两组优化组合或两组以上优化组合之间指标差异对比分析。

三、平台研发

1. 开发环境

1）后端

基础运行环境:JDK1.8。

基础开发工具：IntelliJ IDEA 2019。
开发框架：SpringBoot。
数据库访问中间件：MyBatis-Plus。
构建工具：Maven3.x。
代码管理工具：Git。

2）前端框架

基础运行环境：Nginx。
基础开发环境：Sublime Text3+NodeJS。
开发框架：React/Redux。
样式库：antd。
图形化控件：Echarts。
GIS 控件：openlayer。

2. 功能结构及实现

油气资产投资优化组合决策平台，集成了油气资产投资优化和价值评估、石油工程投资、油气资产多目标投资优化组合算法及分析评估模型，提供基本外部数据管理、内部数据管理、算法库和分析评估模型管理，为指定项目进行优化组合分析，得出效益最大化，提供上层决策方案，实现对海外油气资产投资优化组合分析应用研究。

整个平台分为用户信息管理、日志信息管理、GIS 空间数据可视化、数据综合管理、优化组合管理、储量价值评估、风险指标管理、关联配置查询、部门信息管理、海外规划部署十大模块、187 个子模块，如图 4-1-9 所示。

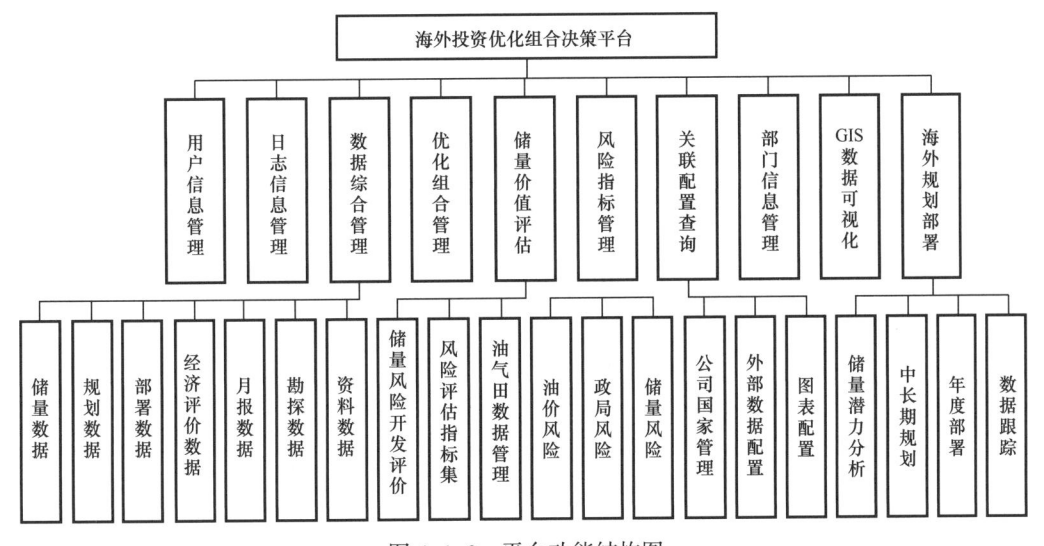

图 4-1-9 平台功能结构图

1）用户信息管理

用户信息管理功能包括系统账户管理、角色管理、授权管理（图 4-1-10）。

图 4-1-10　用户管理

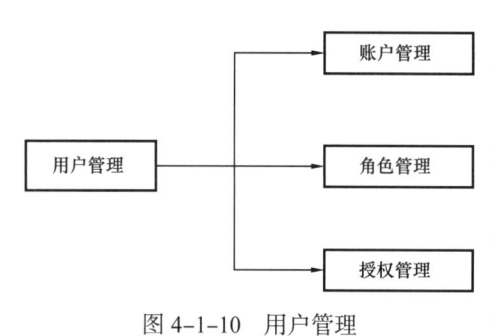

账户管理：系统提供创建用户、修改用户信息、删除用户，为用户分配角色。

角色管理：系统提供创建角色、删除角色。

授权管理：根据系统功能模块，为角色授权，添加或修改移除权限等。

系统依据功能需求默认划分为三种角色，并赋予权限。超级管理员拥有系统一切的权限，包括数据操作、项目监控、任务划分等。项目长可以指定项目、分配任务，查看项目进度，并对任务完成情况进行评价打分等。项目成员执行项目长分配的工作任务，提交任务的完成状态及相关的录入数据、成果数据、任务完成比例。

2）日志信息管理

登录日志管理：当用户登录的时候系统会自动记录用户登录到系统的账号、登录时间、登录 IP 等信息。

操作日期管理：当用户在系统中操作的时候，系统自动记录用户操作的内容、请求操作地址、请求时间和操作人员等信息。

3）数据综合管理

数据管理主要包括四类数据，即基础数据、指标数据、PROJECT 数据和项目数据（图 4-1-11）。

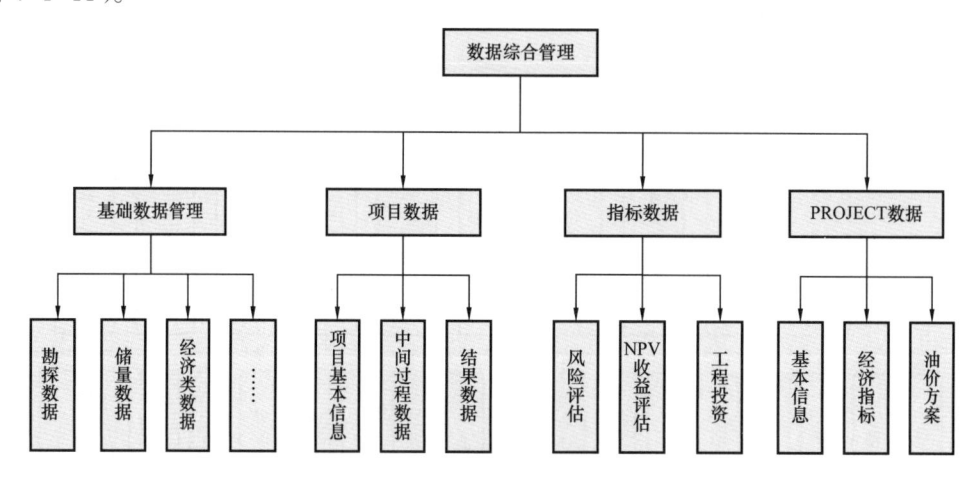

图 4-1-11　数据综合管理数据组成

4）优化组合管理

针对方案风险、收益均衡进行多目标优化组合评估。优化组合主要提供油气资产层面和公司层面两个层级的优化组合计算，是平台的主要核心功能模块。

优化组合流程如下。

（1）优化组合模型构建。新建优化组合方案，录入方案的基本描述（名称、代码、

ID，ID 由系统自动生成确保唯一）及选取油价方案，如油价 A 方案。初步筛选投资单元数据。系统提供数据初选过滤条件，如按照国家、区块、投资单元类型、年份等进行条件过滤检索。设置多目标优化组合运算约束条件。选取优化组合模型和算法。

（2）优化组合模型运算及风险计算。优化组合模型运算，针对组合结果，进行多目标优化组合指标及风险的计算。风险主要包括四类：储量风险、政局社会风险、油价风险、综合风险，相应风险参数设置也是针对这四类风险，其中，综合风险是指储量风险、政局社会风险、油价风险的综合加权。

（3）优化组合成果分析。

优化组合分析主要包括投资单元分析、单一组合分析、多组合对比分析。

投资单元分析，包括投资单元数据导入、数据导出、数据查询。投资单元数据可以按照字段属性查询，如按国家、区块、年份、合同类型、资源类型、作业方式等，也可进行组合查询；对投资单元数据可以查看基本信息与经济评价指标数据。

单一组合分析功能包括对优化组合数据查询与详细信息查看，组合的净利润、总投资、产量、成本等数据，优化结果图形显示分析，优化前后指标与经济数据对比分析。

多组合对比分析对优化组合的方案，根据多维条件进行分析对比，选取最优的决策方案，多组合差异对比分析、图表对比分析（图4-1-12）。

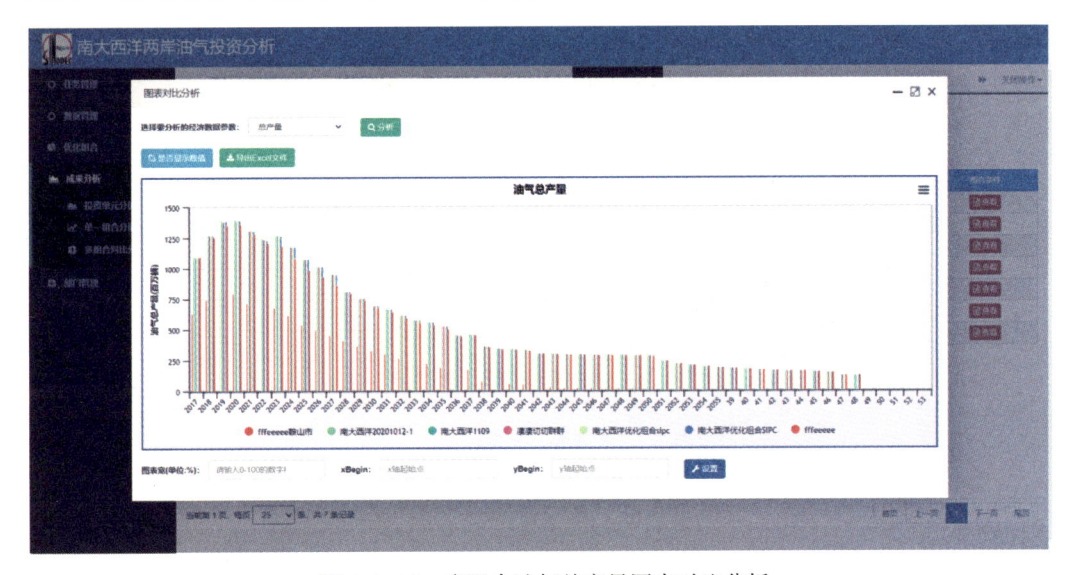

图 4-1-12 多组合油气总产量图表对比分析

5）储量数据管理

储量数据管理内容包括油气田储量级别、储量开发状态、储量大小、不同油价的储量价值等。

6）风险指标管理

风险指标管理包括储量风险、政局社会风险、油价风险和风险评估指标。主要功能包括对储量风险、政局社会风险、油价风险信息的添加、修改、查看、删除、查询及数据的导入导出。

7）关联配置查询

关联配置查询包括投资单元编码配置、公司国家配置、外部数据配置三个功能模块。

投资单元编码配置主要描述根据需求对投资单元数据编码的设置，公司国家配置主要功能包括对公司国家数据、基础数据的添加、修改、查看、查询及导入导出，外部数据配置主要功能为对未知的表字段、字段数量、字段名创建表并应用到系统中。

8）部门信息管理

部门信息管理包括部门信息、人员信息。主要功能包括对部门信息数据、人员数据的添加、修改、删除、查询、数据的导入导出及对人员的分配。

9）GIS 空间数据可视化

基于 GIS 技术从空间上展示投资项目的空间位置及空间分布情况；可通过项目编号或区域名称，在地图上定位显示项目和区域；可通过空间分析，在地图上展示项目的收益等信息。主要功能如图 4-1-13 所示。

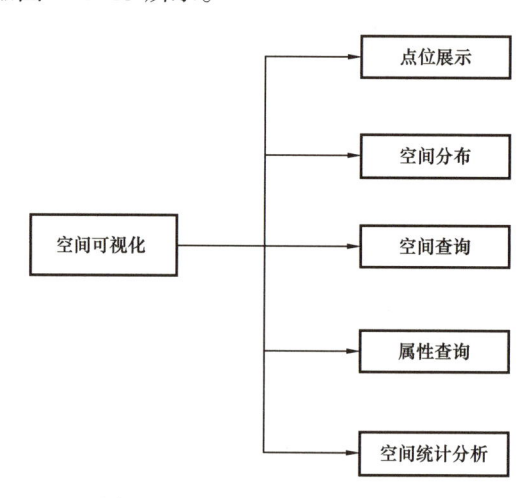

图 4-1-13　空间可视化功能结构

第二节　海外投资优化组合应用研究

投资优化组合考虑各种约束条件及风险，对投资单元进行多目标、多约束条件下的优化组合研究，提出契合公司发展愿景、风险可控的投资优化组合方案，为公司实现效益—风险均衡决策提供参考，其根本目标是实现效益最大化。

以南大西洋两岸中资油气项目为研究对象开展投资优化组合应用研究。

一、投资优化组合流程

以南大西洋两岸中资油气项目为研究对象，在对现有资产进行价值评估、运营无效资产、收购优质新项目等开展系统研究的基础上，数据导入投资优化组合决策平台，根据投资单元的净现值和净现值指数进行初筛，设置必选条件以及投资单元的依赖关系；分别以产量、净现值、净现值指数等指标作为目标函数，以投资规模、单位操作成本等作为约束条件，通过设置不同的目标函数和约束条件，构建多套优化组合方案，结合风险定量评价，筛选出期望收益高、风险相对较低的优化组合方案，确定出符合公司发展战略目标的"效益—风险"均衡的投资优化组合方案。投资优化组合流程如图4-2-1所示。

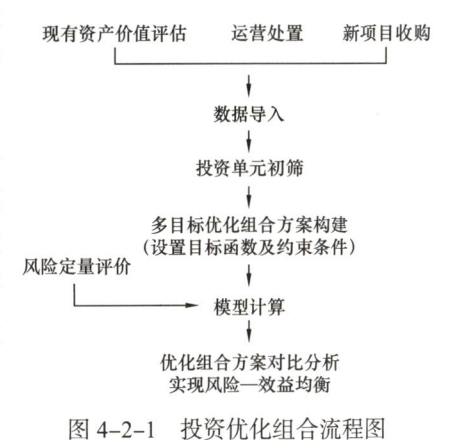

图4-2-1 投资优化组合流程图

二、现有油气资产价值评估

基于投资单元进行油气资产价值评估。首先，从技术角度依据不同油田的油藏地质特点、开发生产规律以及生产节奏，对投资单元进行工作量、产量、投资、成本等全合同期规划预测，为了资产完整性，考虑将全部的投资机会都纳入规划方案。其次，根据合同模式、财税条款等建立经济评价模型，对每个投资单元进行经济评价。

1. 技术经济指标参数预测

以投资单元为对象，结合海外项目特点，开展不同油藏类型开发规律、生产运行规律、勘探开发潜力、开发指标预测研究，预测工作量、产量、投资、成本，确定各投资单元合同期内规划方案。

钻井工作量预测：依据开发方案、概念设计方案、储量评估报告等，并考虑外部环境（陆上或海上）、作业区钻机情况、钻井的节奏等安排未来合同期的工作量。

产量预测：老井产量预测常用递减法，根据油田所处的开发阶段，采用适合的递减规律进行预测。新井则分别应用类比法、数值模拟法、典型曲线法等进行预测。产量预测过程中需要综合考虑多种因素，如地质油藏特点、开发规律、地面系统处理能力、海工系统效率、销售等影响，通过关键指标参数如采油速度、采出程度、储采比、综合递减率、含水率等指标进行质量控制，合理预测投资单元的产量。

投资预测：采用钻完井投资和地面（海工）投资模型进行工程投资预测。不同国家地区、不同地形地貌、不同资源类型等会导致不同油田、区块的投资预测存在较大的差异。结合油气资产的特点、历史实际投资和工作量指标等，采用前述建立的钻完井和地面工程投资模型进行工程投资测算。

成本预测：历史成本构成分析是成本预测的基础。根据实际油气水电、材料、人工租赁等成本构成细项进行趋势分析，或根据成本习性进行固定成本和变动成本分析，进行成本预测。

2. 经济评价

经济评价的主要方法为折现现金流法，规划部署过程中的效益评价方法是在折现现金流法的基础上，采用增量法（"有无"对比法）进行评价，并结合海外项目的合同模式、财税条款、评价油价以及成本预测，测算每个投资单元在不同油价下的净现值、投资回报率、内部收益率等经济指标。基于投资单元的经济评价可以层层汇总到油气资产、公司整体层面，形成底层精细评价、分层汇总的结构，为投资优化组合奠定基础。

三、资产运营

根据现有油气资产价值评估结果，退出或转让开发潜力小、成本高、效益差的油气资产及不符合战略目标的油气资产，推动资产结构优化调整。

综合油气资产的资源潜力、经济效益、资源国投资环境、油气市场发展潜力等对现有资产进行动态评估，根据净现值、净现值指数、现金流、桶油价值等定量指标，构建油气资产运营序列，选择合适的资产运营模式，推动资产结构优化调整。

四、新项目收购

紧抓全球油价中低位战略机遇，在更大范围、更宽领域、更高层次参与国际能源合作与竞争。新项目获取聚焦"一带一路"，多渠道、多方式择优获取优质油气项目，优化海外资产布局，打造规模化、效益型油气生产基地，如南大西洋两岸的桑托斯、坎波斯盆地、下刚果盆地等大型油气藏盆地。

五、投资优化组合方案

以南大西洋两岸项目为例，现有资产根据投资机会所处的勘探开发阶段、前期研究成果、项目的经济性以及成熟度，分析了南大西洋两岸在实施勘探开发项目资产，将油气资产共划分为67个投资单元，其中，在产、在建投资单元占36%，新增和待优化投资单元占47%，勘探投资单元占17%。考虑资产运营和新项目收购。

1. 投资单元初筛

投资单元初筛就是通过设置筛选条件，将筛选后符合条件的投资单元添加到组合中。

2. 目标参数

对常用目标参数净现值 NPV、产量 PRO、净现值指数 PIR、单位操作成本 UOC 等分别设计单目标、双目标和多目标的优化组合。方案设计共分为三类。

第一类为单目标组合，即只考虑一个目标参数，其权重为1。

第二类为双目标组合，考虑多目标中的任意两个组合，两个目标参数权重之和为1。

第三类为多目标组合，考虑了三个及以上目标参数，任意目标参数的权重取值为0~1，目标参数权重之和为1。

具体投资优化组合方案目标参数设计见表 4-2-1。

表 4-2-1 投资优化组合方案目标参数设计

类别	目标函数	名称	NPV	PRO	PIR	UTC	UDC	UOC
第一类	单目标	单目标-1	1.0					
		单目标-2		1.0				
		单目标-3			1.0			
		单目标-4				1.0		
		单目标-5					1.0	
		单目标-6						1.0
第二类	双目标	双目标-1	0.5		0.5			
		双目标-2	0.6	0.4				
		双目标-3	0.5				0.5	
		双目标-4		0.4	0.6			
		双目标-5			0.6		0.4	
第三类	多目标	多目标-1	0.5				0.3	0.2
		多目标-2	0.4	0.3	0.3			
		多目标-3	0.3		0.4		0.3	
		多目标-4	0.4	0.2			0.4	
		多目标-5		0.2	0.4		0.4	
		多目标-6	0.3	0.2	0.3		0.2	
		多目标-7	0.4	0.1	0.3		0.2	

3. 约束条件

结合公司生产经营实际情况和未来发展，考虑了 4 个约束条件，分别为投资规模约束、产量规模约束、利润指标约束和单位操作成本约束，每个约束条件均考虑了目前海外资产的实际情况以及公司对海外开发生产经营指标的要求等。同时，考虑投资单元的互斥约束、依赖关系约束等。

4. 组合方案设计

根据不同的目标函数和不同的约束条件，对南大西洋两岸在实施勘探开发项目的

67个投资单元，共设计了 80 个投资优化组合方案，应用建立的优化组合模型开展应用研究。

1）单目标方案

分别选取 6 个单独的目标参数，考虑不同的约束条件，设置如下：

（1）投资总额约束；

（2）产量规模约束；

（3）三年总利润指标约束；

（4）单位操作成本约束；

（5）投资总额＋产量目标约束；

（6）投资总额＋利润指标约束；

（7）投资总额＋单位操作成本约束；

（8）产量目标＋利润指标约束；

（9）投资总额＋产量目标＋利润指标约束；

（10）投资总额＋产量目标＋单位操作成本约束。

共设计了 25 个单目标组合方案。

以净现值作为目标函数的单目标优化组合方案为例，由于只有一个目标函数，因此将净现值的权重设置为 1，考虑投资单元的净现值之和最大。首先要设置特殊约束，即"在产"投资单元必须纳入投资优化组合范围，且每个油气资产都必须有至少 1 个投资单元；其次，设置投资单元的依存关系，如先行投资 A 方案，必然需要连带投资 B，但投资 B 不一定要投资 A。经过模型计算，得到该方案的生产经营指标以及风险评价指标。

2）双目标方案

考虑不同的双目标函数组合，以及上述不同的约束条件，共设计了 30 个优化组合方案。

以净现值、产量作为目标参数的双目标方案为例，目标参数指标设置为 NPV 和 PRO，权重分别为 0.6、0.4。考虑方案的净现值最大，产量最大。考虑年产量约束和五年投资限额约束，经过模型计算，得到该组合方案的生产经营指标，优化前后的权益产量和权益投资对比结果如图 4-2-2 和图 4-2-3 所示。

图 4-2-2 "净现值＋产量"双目标优化组合的产量优化前后对比图

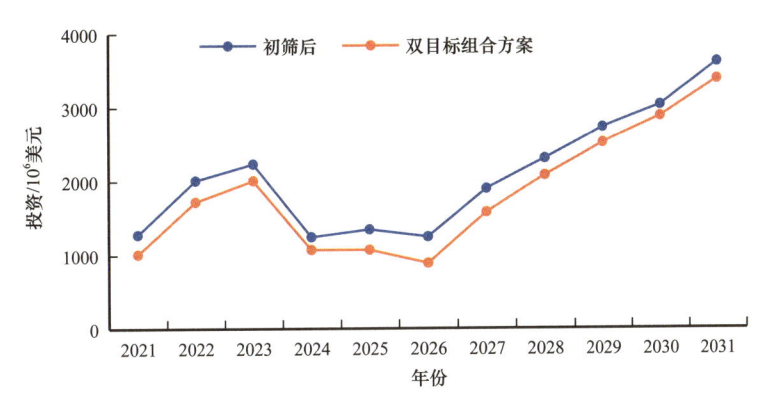

图 4-2-3 "净现值+产量"双目标优化组合的投资对比图

3）多目标方案

筛选不同的三、四个目标函数，考虑投资总额约束、利润约束、产量约束，共设计了 25 个优化组合方案。

5. 优化组合结果分析与方案推荐

以经济效益指标为纵轴，以风险指标为横轴，进行有效前缘分析。经济效益指标可以是净现值（NPV）、净现值指数（PIR）或净利润等指标，本节选择净现值进行分析。风险指标通过前述方法对各投资单元储量风险、政局社会风险、油价风险进行定量化评价，最终得到综合风险。将所有设计的投资优化组合方案指标绘制在以经济效益指标为纵轴，以风险指标为横轴的坐标图上，每一个点对应一个投资优化组合方案（图 4-2-4）。决策者可以根据公司决策偏好从方案集中选择适合的投资优化组合方案。

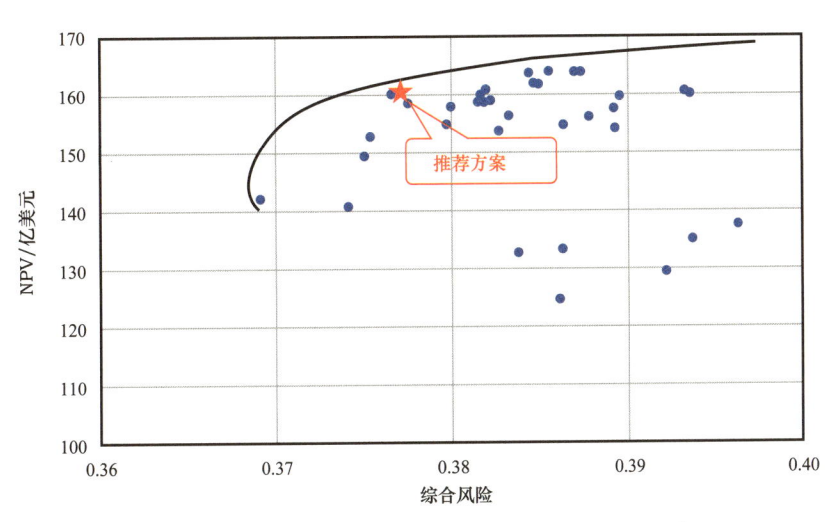

图 4-2-4 南大西洋两岸多目标投资优化组合研究实例

通过多目标优化组合，推荐的投资优化组合方案包括 67 个投资单元，优化掉效益较差的 8 个投资单元，油气资产价值增加了 3.3%；合同期优减了无效权益产量 7.0%；

净现值指数提高了 0.05；合同期节约投资 8.9%，桶油操作成本（UOC）降低了 0.44 美元。通过投资优化组合，生产经营指标明显改善（图 4-2-5）。

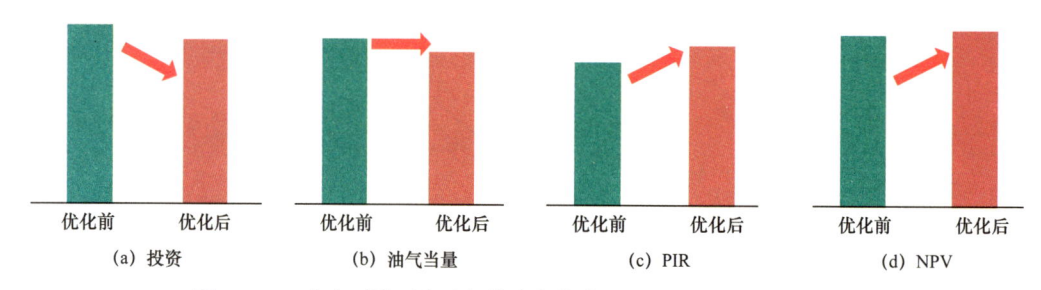

图 4-2-5 南大西洋两岸油气资产投资优化组合前后主要指标对比

参考文献

查金才,林建浩,才鑫,等,1998.国外钻井承包和管理方法研究[R].北京:中国石油天然气总公司信息研究所,5-6.

陈月明,范海军,1998.油田稳产措施最佳配置[J].石油勘探与开发,25(3):66-68.

陈月明,盖英杰,范海军,2000.油田稳产措施配置规划数学模型[J].经济数学,17(2):45-51.

迟国泰,王化增,程砚秋,2010.基于储量价值评估的油田开发规划模型及应用[J].财经问题研究,(7):34-43.

樊明武,李志学,冯力丹,2007.油气钻井作业成本预测模型研究[J].天然气工业,27(3):134-136.

盖英杰,陈月明,范海军,2000.油田措施屺置随机规划模型[J].石油大学学报(自然科学版),24(2):58-60.

高燕云,李志学,1996.原油生产成本与钻井成本预测模型的探讨[J].西安石油学院学报,11(6):46-49.

葛家理,赵立彦,1991.成组气田开发最优规划及决策[M].油气田开发系统工程方法专辑(二).北京:石油工业出版社.

郭福军,2001.辽河油田油气储量资产价值计算方法研究[J].河南石油,15(1):47-49.

郭秋麟,胡素云,倪何艳,等,2005.油气勘探目标经济评价与决策系统EDSys1.0[J].石油勘探与开发,32(6):5.

郭秋麟,米石云,2004.油气勘探目标评价与决策分析[M].北京:石油工业出版社.

郭秋麟,米石云,谢红兵,等,2005.勘探目标投资组合的优化模型及其应用[J].中国石油勘探,10(2):5.

韩来聚,李洪乾,果传良,等,1995.利用统计数据预测定向井钻井成本[J].石油钻探技术,23(6):28-33.

韩来聚,李洪乾,果传良,等,1995.利用统计数据预测定向井钻井成本[J].石油钻探技术,23(12):77-78.

何绍恩,关忠良,孙中悦,2010.油藏经营管理理念及储量价值分析[J].生产力研究,(7):103-105.

胡健,李志学,刘永爱,等,2006.石油储量价值评估的勘探成本途径[J].石油工业技术监督,(3):5-7.

胡健,李志学,刘永爱,等,2006.石油储量价值评估的收益现值途径[J].石油工业技术监督,(4):7-9.

胡娟,2012.油田开发规划模糊优化模型及其应用研究[D].成都:西南石油大学.

黄莉,淡利华,刘军飞,等,2008.石油储量资产价值化方法研究与应用[J].内蒙古石油化工,(23):7-9.

黄伟和,2008.石油钻井系统工程造价技术体系研究[M].北京:石油工业出版社.

江厚顺,张光明,2004.油田开发多目标规划模型与方案评价[J].江汉石油学院学报,26(3):

87-88.

解红军,孙铁民,2007. 油田产能建设规划阶段地面工程投资估算方法研讨［J］. 石油规划设计,18（5）: 5-6, 13.

匡建超,陈小花,刘鑫,2007. 石油资源资产价值评估研究［J］. 工业技术经济,26: 78-80.

匡建超,罗庆,刘锡健,2007. 石油资源资产价值评估指标体系的构建［J］. 国土资源科技管理,24: 6-9.

黎娜娜,2002. 油气储量资产价值评估方法及政策支持研究［D］. 成都:西南石油学院.

李洪乾,韩来聚,果传良,1994. 钻井成本预测方程的确定［J］. 石油工业技术监督,(8): 6-8.

李怀印,李宏伟,2010. 国内外石油工程造价编制方法比较［J］. 油气田地面工程,29（1）: 30-33.

李泽农,陈德泉,1991. 油田开发规划优选模型研究［M］. 油气田开发系统工程方法专辑（二）. 北京:石油工业出版社.

李志学,黄峰,2010. 油气田地面工程投资双层动因研究［J］. 能源技术与管理,5: 139-142.

历程芳,杨湘龙,姜淑霞,等,2007. 实物期权法在石油储量价值评估中的应用［J］. 断块油气田,14（2）: 18-20.

廉永红,张庆生,张文涛,2010. 塔里木油田投资估算指标的体系构成及主要编制方法［J］. 油气田地面工程,29（3）: 42-4.

梁宝升,杜志敏,黄梦云,2002. 油藏经营优化决策模式研究［J］. 西南石油学院学报,24（1）: 15-17.

梁保升,2003. 油藏经营管理优化决策方法研究［D］. 成都:西南石油学院.

刘朝全,李光耀,1991. 我国海上油田钻井完井投资测算方法研究［J］. 西南石油学院学报,13（4）: 106-112.

刘广存,2003. 国际石油钻井工程承包惯例［M］. 北京:石油工业出版社.

刘广涛,朱凯,李娟,2018. 受低油价影响的深水钻完井投资及其预测［J］. 石油化工技术与经济,34（6）: 13-17.

刘军飞,冉庆,黄莉,等,2008. 收益途径法评估石油储量资产价值的合理参数选取［J］. 内蒙古石油化工,(22): 122-125.

刘实,李士伦,1997. 油气田开发工程中的预测和决策方法研究［D］. 成都:西南石油学院.

刘锡健,2006. 石油资源资产价值管理体系研究［D］. 成都:成都理工大学.

米立军,张厚和,陈蓉,等,2008. 中海油勘探投资组合系统开发与应用［J］. 中国石油勘探,13（5）: 54-60.

米立军,张厚和,高剑波,2011. 中海油勘探投资组合管理理念与实践［J］. 中国石油勘探,16（1）: 70-74.

潘道兰,2010. 不同类型气田规划阶段集输系统投资估算方法探讨［J］. 石油规划设计,21（6）: 29-30, 47.

齐与峰,李力,1991. 油田开发总体设计最优控制模型［M］. 油气田开发系统工程方法专辑（二）. 北京:石油工业出版社.

齐与峰,朱国金,1991. 注水开发油田稳产规划自适应模型［M］. 油气田开发系统工程方法专辑（二）. 北京:石油工业出版社.

尚明忠, 盖英杰, 李树荣, 等, 2003. 油田开发规划非线性多目标优化模型研究 [J]. 石油钻探技术, 31 (4): 59-61.

宋艺, 刘兆年, 邱浩, 2018. 基于不确定性模型的海上钻井投资费用估算方法 [J]. 石油钻采工艺, 40 (06): 743-748.

王化增, 迟国泰, 程砚秋, 2010. 基于 BP 神经网络的油气储量价值等级划分 [J]. 中国人口资源与环境, 20 (6): 41-46.

王兴峰, 葛家理, 王莉, 2001. 石油工程方案综合评价优选方法研究 [J]. 油气地质与采收率, 8 (1): 51-54.

王永兰, 2005. 油气勘探项目投资组合优化研究 [D]. 成都: 西南石油大学.

许建军, 薛飘, 刘康勇, 2002. 长输管道建设项目投资估算的几种方法 [J]. 石油工程建设, 28 (3): 43-44, 48.

羊明香, 李宏伟, 赵玉萍, 等, 2009. 石油储量价值评估在油藏管理中的应用 [J]. 断块油气田, 16 (3): 90-92.

杨磊, 王化增, 2011. 基于 Bayes 逐步判别分析的油气储量价值分级 [J]. 技术经济与管理研究, (10): 11-14.

杨宇宁, 王剑, 郭秀梅, 2015. 基于 RBF 神经网络的页岩气丰度预测 [J]. 西安石油大学学报 (自然科学版), 30 (6): 8, 45-49.

杨园园, 胡志方, 李薇, 等, 2006. 油气储量价值评估方法及应用 [J]. 河南石油, 20 (3): 17-21.

尹忠祥, 盖英杰, 李树荣, 等, 2004. 油田开发规划多目标优化方法 [J]. 河南石油, 18 (5): 37-39.

张华静, 2005. 资源复合价值观导向下的石油资源资产价值评估体系研究 [D]. 成都: 成都理工大学.

张今弘, 袁致中, 1995. 石油天然气储量商品化 [M]. 北京: 石油工业出版社.

张锦良, 2004. 基于遗传算法的油田开发规划多目标优化研究 [D]. 成都: 西南石油学院.

张锦良, 丁显峰, 刘志斌, 2015. 油田开发多目标产量分配模型及其应用算法研究 [J]. 西南石油学院学报, 27 (2): 53-56.

张孟, 2010. 油气勘探项目投资组合研究 [D]. 青岛: 中国石油大学 (华东).

张中华, 李留仁, 2006. 未开发储量价值量评价思路及方法 [J]. 断块油气田, 13 (5): 11-14.

张中华, 刘传喜, 元向春, 等, 2007. 未开发储量价值量评价思路及方法 [J]. 西安石油大学学报, 22 (1): 115-118.

赵庆飞, 李丽娜, 徐向华, 等, 2006. 天然气储量价值评价方法研究 [J]. 断块油气田, 13 (1): 23-25.

赵庆飞, 李丽娜, 杨怀义, 等, 2006. 天然气储量价值评估模型 [J]. 大庆石油地质与开发, 25 (4): 38-41.

Amiri M P, 2010. Project selection for oil-fields development by using the AHP and fuzzy TOPSIS methods [J]. Expert Systems with Applications, 37: 6218-6224.

Anaonsen S I, Eide A L, Holden L, et al., 1995. Optimizing Reservoir Performance under Uncertainty with Application to Well Location [C]. 1995.SPE Annual Technical Conference and Exhibition, Dallas, USA, SPE30710.

Armananzas R, Lozano J A, 2005. A multiobjective approach to the portfolio optimization problem [J]. In: Proc. IEEE Cong. on Evol. Comp, 2, 1388-1395.

Arnone S, Loraschi A, Tettamanzi A, 1993. A genetic approach to portfolio selection [J]. Neural Network World: International Journal on Neural and Mass-Parallel Computing and Information Systems, 3(6), 597-604.

Barnes D A, HumPheyf K, Muellenberg L, 1990. A Production Optimization System for Western Prudhoe Bay Field, Alaska, SPE20653.

Chang T J, Meade N, Beasley J E, et al, 2000. Heuristics forcardinality constrained portfolio optimization [J]. Computers & Operations Research, 27(13), 1271-1302.

Chiam S C, Tan K C, Mamum A A, 2008. Evolutionary multi-objective portfolio optimization in practical context [J]. International Journal of Automation and Computing, 5(1), 67-80.

Crama Y, Schyns M, 2003. Simulated annealing for complex portfolio selection problems [J]. European Journal of Operation Research, 150(3), 546-571.

Cura T, 2009. Particle swarm optimization approach to portfolio optimization [J]. Nonlinear analysis: Real world applications, 10(4), 2396-2406.

David A. Wood, 2016. Asset portfolio multi-objective optimization tools provide insight to value, risk and strategy for gas and oil decision makers [J]. Journal of Natural Gas Science and Engineering, 33: 196-216.

Diosan L, 2005. A multi-objective evolutionary approach to the portfolio optimization proble [C]. International Conference on Computational Intelligence for Modelling, Control and Automation and International Conference on Intelligen Agents, Web Technologies and Internet Commerce (CIMCA-IAWTIC 06).

Doerner K, Gutjahr W J, Hartl R F, et al, 2001. Ant Colony Optimization in multiobjective portfolio selection [J]. In: Proceedings of 4th Metaheuristics International Conference 2001, 243-248.

Dueck G, Winker P, 1992. New concepts and algorithms for portfolio choice [J]. Applied Stochastic Models and Data Analysis, 8(3), 159-178.

Erdogan M H, Mudford B S, Chenoweth G, et al, 2001. Optimization of Decision Tree and Simulation Portfolios: A Comparison.

Fan Y, Zhu L, 2010. A real options based model and its application to China's overseas oil investment decisions [J]. Energy Economics, 32, 627-637.

Fernandez A, Gomez S, 2007. Portfolio selection using neural networks [J]. Computers & Operations Research, 34(4), 1177-1191.

Fieldsend J E, Matatko J, Peng M, 2004. Cardinality constrained portfolio optimisation [J]. In: LNCS (incl. Subseries LNAI and LNBI), 3177, 788-793.

Gajdica R J, Wattenbarger R A, Starszman R A, 1988. A New Method of Matching Aquifer Performmance and Determining Original Gas in Place [J]. SPERE, 985-994.

Guyaguler B, Ronaldn Honre, 2002. Optimization of Well Placement and Assessment of Uncertainty [D].

Stanford Univesrity.

Guygauler B, Roland N Horne, Leah Rogers, et al, 2000. Optimization of well Placement in a Gulf of Mexico water flooding Project. SPE63221.

Guygauler B, Roland N. Honre, 2001. Uncertainty Assessment of Well Placement OPtimization [C]. SPE71625 Presented at the SPE Annual Technical Conference and Exhibition, held in New orleans, LA, 30 SePtember ~ 3Oetober 2001.

Huppler, J D, 1974. Scheduling Gas Field Production for Maximum Profit [J]. SPE, 274-279.

Jorge A.Sefair, Carlos Y. Méndez, OnurBabat, 2017. Linear solution schemes for Mean-SemiVariance Project portfolio selection problems: An application in the oil and gas industry [J]. Omega, 68: 39-48.

Kataoka S, 1963. A stochastic programming mode [J]. Econometrica, 31: 181-196.

Kendall G, Su Y m, 2005. A particle swarm optimization approach in the construction of optimal risky portfolios [J]. In: Proc. AI & App's, 453, 140-145.

Konno H, Suzuki K I, 1995. A Mean-Variance-Skewness Portfolio Optimization Model [J]. Journal of the Operations Research Society of Japan, 38: 173-187.

Konno H, Yamazaki H, 1991. Mean Absolute Deviation Portfolio Optimization Model and Its Application to Tokyo Stock Market [J]. Management Science, 37: 519-531.

Lasdon L, Coffman J, Macdonald R, 1986. Optimal Hydrocarbon Reservoir Production Policies [J]. Operations Research, 34 (1): 40-54.

Lin D, Wang S, Yan H, 2001. A multiobjective genetic algorithm in for portfolio selection problem [J]. In: Proceedings of ICOTA 2001, 15-17.

Livtak M L, Clark A J, Faierhild J W, et al, 1997. Integration of Prudhoe Bay Surface Pipeline Network and Full Field Reservoir Models, SPE38885.

Lo K K, Satrley G P, Holden C W, 1995. Application of Linear Programming to Reservoir Development Evaluations [J]. SPERE, 52-58.

Lopes Y G, De Almeida A T, 2015. Assessment of synergies for selecting a project portfolio in the petroleum industry based on a multi-attribute utility function [J]. Journal of Petroleum Science and Engineering, 126: 131-140.

Maringer D G, Kellerer H, 2003. Optimization of cardinality constrained portfolios with a hybrid local search algorithm [J]. OR Spectrum, 25 (4), 481-495.

Markowitz H M, 1952. Portfolio selection [J]. Finance, (3): 151-158.

Markowitz H M, 1959. Portfolio Selection: Efficient Diversification of Investment [M]. New York: John Wiley & Sons.

Markowitz H M, 1991. Foundation of portfolio theory [J]. Finance, (2a): 469-477.

Martin R Y, 1998. A Minimax portfolio selection rule with linear programming solution [J]. Management Science, 44 (5): 673-683.

Mcfarland J W, Lasdon L, Loose V, 1984. Development Planning and Management of Petroleum

Reservoirs Using Tank Model and Non-linear Programming [J]. Operations Research, 32: 270-289.

Murray J E, Edgar T F, 1979. Optimal Scheduling of Production and Compression in Gas Fields[J]. J.Petro, Tech.109-116.

Mutavdzic M, Maybee B, 2015. An extension of portfolio theory in selecting projects to construct a preferred portfolio of petroleum assets [J]. Journal of Petroleum Science and Engineering, 133: 518-528.

O'Dell P M, Steubing N W, Gray J W, 1973. Optimization of Gas Field Operation [J]. J.Petro.Tech. 419-425.

Ong C S, Huang J J, Tzeng G H, 2005. A novel hybrid model for portfolio selection [J]. Applied Mathematics and Computation, 169 (2), 1195-1210.

Orman M M, Duggan T E, 1999. Applying Modern Portfolio Theory to Upstream Investment Decision Making [J]. Journal of Petroleum Technology, 51 (3): 50-53.

Quick A N, 1982. Exploration strategy: An Integral Part of Strategic Planning[L]. Oil and Gas Journal(9): 286-300.

Raphael A, 1986. Petroleum Reservoir Exploitation: Switching from Primary to Secondary Recovery [J]. Operations Reseacrh, 34 (4): 534-549.

Rosenwald G W, Geren D W, 1974. A Method for Determining the Optimal Location of Wells in a Reservoir Using Mixed-Integer Programming [J]. SPE, 44-54.

Rosenwald G W, Green D W, 1974. A Method for Determining the Optimal Location of wells in a Reservoir Using Mixed Integer Programming [J]. Soc Petroleum Engr.J: 44-45.

Roy A D, 1952. Safety-first and the holding of assets [J]. Econometrica, 20 (3): 431-449.

Schaerf A, 2002. Local search techniques for constrained portfolio selection problems [J]. Computational Economics, 20 (3), 177-190.

Sharpe W F, 1964. Capital asset prices: a theory of market equilibrium under condition of risk [J]. Journal of Finance, (19): 425-442.

Sharpe W, 1963. A Simplified Model for Portfolio Analysis [J]. Management Science, 9 (2): 277-293.

Streichert F, Ulmer H, Zell A, 2003 Evolutionary algorithms and the cardinality constrained portfolio optimization problem [J]. In: Operations Research Proceedings 2003 Selected Papers of the International Conference on Operations Research, 1-8.

Subbu R, Bonissone B, Eklund N, et al, 2005. Multiobjective financial portfolio design: a hybrid evolutionary approach [J]. In: Proceedings of IEEE Congress Evolutionary Comptation, 2, 1722-1729.

Tang B J, Zhou H L, Hao C, 2017. Investment opportunity in China's overseas oil project: An empirical analysis based on real option approach [J]. Energy Policy, 105: 17-26.

Telser L G, 1955. Safety first and hedging [J]. Review of Economic Studies, 23 (1): 1-16.

Vijay G, Grossmann I E, 2014. Multi stage stochastic programming approach for off shore oilfield infrastructure planning under production sharing agreements and endogenous uncertainties [J]. Journal of Petroleum Science and Engineering, 124: 180-197.

Walls M R, 2004. Combining decision analysis and portfolio management to improve project selection in the exploration and production firm [J]. Journal of Petroleum Science & Engineering, 44 (1-2): 55-65.

Wood D A, 2016. Asset portfolio multi-objective optimization tools provide insight to value, risk and strategy for gas and oil decision makers [J]. Journal of Natural Gas Science and Engineering, 33: 196-216.

Zakiorv S N, Kolbikov S V, Kalar S K, 1982. Mathematical Modeling of Gas Field Development and Production OPtimization [J]. SPE11181.

Zhong Y H, Zhao J, 2016. The optimal model of oilfield development investment based on Data Envelopment Analysis [J]. Petroleum 2: 307-312.